Collection **COLLÈGE** dirigée par
Cécile de Cazanove
Agrégée de Lettres modernes

TRISTAN et ISEUT

Traduction et adaptation de Joseph Bédier

1900

texte intégral

Édition présentée par
Dominique Prest
Agrégée de Lettres modernes

CARRÉS CLASSIQUES
Nathan

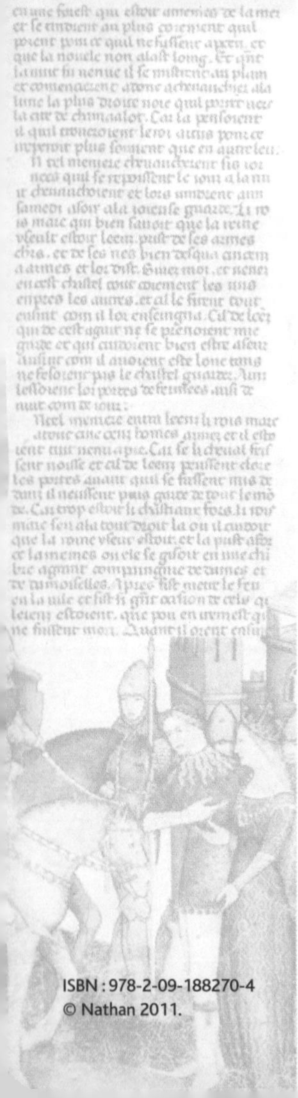

sommaire

Avant la lecture

Lire *Le Roman de Tristan et Iseut* adapté par Bédier

ISBN : 978-2-09-188270-4

Après la lecture

Autre lecture

Dossier central images en couleur

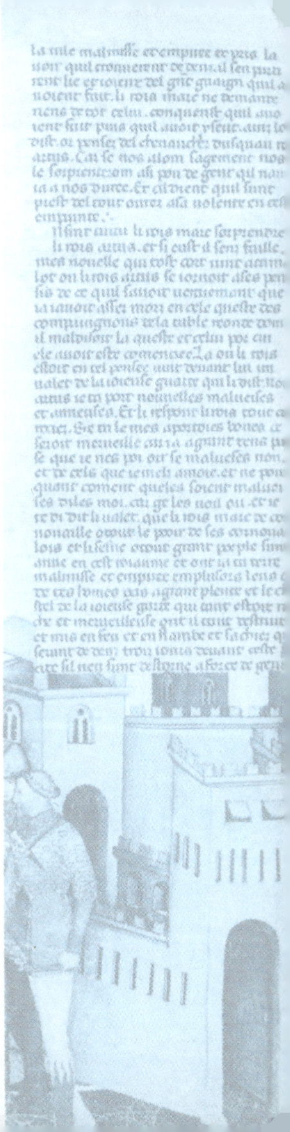

avant la lecture

La France du XIIe au XIIIe siècle

Qui sont les personnages ?

La France du XIIe au XIIIe siècle

Les Capétiens dans l'Europe féodale

La France de 1150 ne ressemble pas à la nôtre. Son territoire s'étend de Compiègne à Orléans. Les princes voisins, bien que vassaux du roi, menacent son pouvoir et sont même plus puissants que lui, comme Geoffrey Plantagenêt qui vient de conquérir la Normandie. Son fils Henri, en épousant Aliénor d'Aquitaine, obtient le Poitou et l'Aquitaine et devient roi d'Angleterre. Son royaume va des Pyrénées à l'Écosse.

Louis VI le Gros et Louis VII le Jeune réussissent à s'imposer. Philippe Auguste continue de renforcer la royauté. Il acquiert l'Artois, triomphe de Richard Cœur de Lion et de Jean Sans Terre et, à la bataille de Bouvines, reprend la Normandie et une bonne partie des terres des Plantagenêt. Louis IX poursuit son œuvre : le traité de Paris met fin à un siècle de conflits avec l'Angleterre, qui garde cependant la Guyenne et le Périgord. Par le jeu des mariages, le roi annexe le sud de la France et la Provence. Il est sacré à Reims et devient alors un monarque exerçant un pouvoir souverain sur ses sujets. Son règne, marqué par la paix et la prospérité, est appelé le siècle de Saint Louis.

La société féodale

La population se divise en trois groupes : les gens d'Église (clercs), les guerriers et

Fin du XIe siècle : *La Chanson de Roland*

1163 : Début de la construction de Notre-Dame de Paris

1170-1175 : Thomas, *Tristan*
Roman de Renart

1176-79 : Marie de France, *Lai du chèvrefeuille*
Chrétien de Troyes, *Le Chevalier à la cha*
Le Chevalier au lion

1108 RÈGNE DE LOUIS VI LE GROS 1137

RÈGNE DE LOUIS VII LE JEUNE

1154-1189 : Henri II Plantagenêt, roi d'Angleterre

1144 : conquête de la Normandie par Geoffrey de Plantagenêt

ceux qui travaillent soit 90 % de la population. La deuxième caste, moins nombreuse, est la plus prestigieuse car elle protège les autres. La chevalerie a ses rites et ses valeurs : respect du lignage et de la parole donnée, la félonie étant considérée comme le crime majeur. Le chevalier doit posséder un cheval et des armes, ce qui coûte cher.

Peu à peu la chevalerie permet d'accéder à la noblesse. Les seigneurs contractent des liens personnels au cours d'une cérémonie, l'hommage : les plus faibles jurent obéissance et service aux plus puissants qui en échange leur doivent protection, justice et entretien par l'octroi d'un fief dont les ressources permettent au vassal d'entretenir écuyers, chevaux et armes pour le service du seigneur. Ce fief deviendra vite héréditaire.

L'Église et les croisades

L'Église veut protéger les clercs et les travailleurs des rivalités entre seigneurs et condamne la guerre entre chrétiens. **Elle donne une nouvelle mission au chevalier qui devient « soldat du Christ » (*miles Christi*)**. Sont fondés les ordres religieux militaires des Templiers et des Hospitaliers dont la vocation est de défendre les royaumes chrétiens en Terre sainte.

Saladin a repris Jérusalem et dès lors les Croisés feront tout pour la reconquérir. La 3e croisade, menée par l'empereur Barberousse, Philippe Auguste et Richard Cœur de Lion est un échec, tout comme la 4e. Au cours de la 6e, l'empereur Frédéric II parvient à reprendre la Ville sainte. Saint Louis part à son tour en croisade. Mais il est fait prisonnier en 1250 et meurt de la peste devant Tunis. ■

1187 : Béroul, *Tristan*
Chrétien de Troyes, *Perceval ou le Conte du Graal*

1230 : *Tristan en prose*

1257 : Fondation de la Sorbonne

RÈGNE DE PHILIPPE AUGUSTE — 1223 RÈGNE DE LOUIS VIII 1226 — RÈGNE DE LOUIS IX OU SAINT LOUIS — 1270

1187 : prise de Jérusalem par Saladin

1214 : victoire de Bouvines

1229 : traité de Paris

Qui sont les personnages ?

Tristan

Orphelin, neveu chéri du roi Marc, il est tiraillé entre son devoir de vassal envers son seigneur et sa passion irrépressible pour la belle Iseut.

L'amour sera-t-il plus fort que la loyauté ?

Iseut la Blonde

Princesse d'Irlande, elle est destinée au roi Marc ; mais par erreur elle boit avec Tristan le philtre d'amour qui les lie à jamais.

Comment concilier son devoir de reine et d'épouse avec son amour pour Tristan ?

Marc

Roi de Cornouailles, oncle de Tristan et mari d'Iseut, il les aime tous les deux, mais il est aussi jaloux et il se laisse influencer par ses barons qui détestent Tristan.

Arrivera-t-il à comprendre la passion qui lie les deux amants ?

Iseut aux Blanches Mains

Fille du roi de Petite-Bretagne, elle a été donnée en mariage à Tristan pour le récompenser de sa vaillance.

Quelle sera sa réaction quand elle découvrira qu'elle a une rivale ?

lire

Le Roman de Tristan et Iseut

1900

Traduction et adaptation de Joseph Bédier

texte intégral

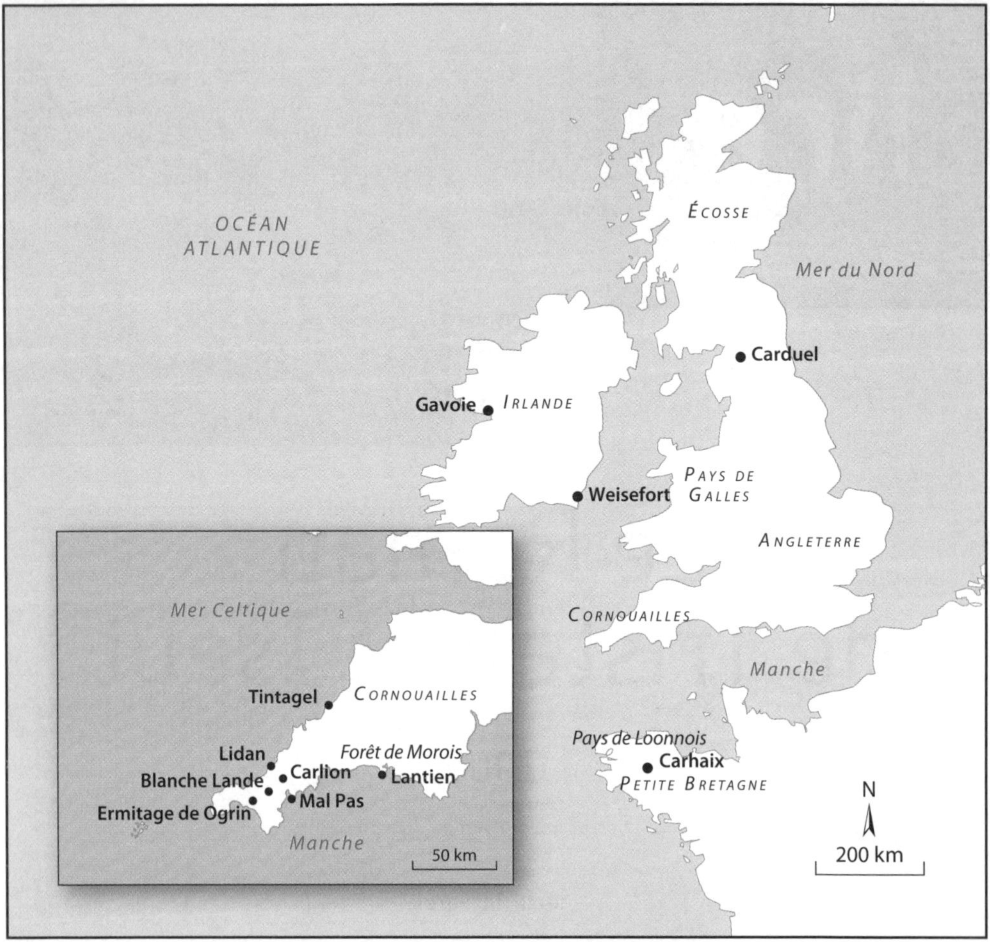

Carte des lieux dans le *Roman de Tristan et Iseut*.

I – Les enfances de Tristan

Seigneurs, vous plaît-il d'entendre un beau conte d'amour et de mort ? C'est de Tristan et d'Iseut la reine. Écoutez comment à grand'joie, à grand deuil[1] ils s'aimèrent, puis en moururent un même jour, lui par elle, elle par lui.

Aux temps anciens, le roi Marc régnait en Cornouailles. Ayant appris que ses ennemis le guerroyaient, Rivalen, roi de Loonnois, franchit la mer pour lui porter son aide. Il le servit par l'épée et par le conseil, comme eût fait un vassal, si fidèlement que Marc lui donna en récompense la belle Blanchefleur, sa sœur, que le roi Rivalen aimait d'un merveilleux amour.

Il la prit à femme[2] au moutier[3] de Tintagel. Mais à peine l'eut-il épousée, la nouvelle lui vint que son ancien ennemi, le duc Morgan, s'étant abattu sur le Loonnois, ruinait ses bourgs, ses camps, ses villes. Rivalen équipa ses nefs[4] hâtivement et emporta Blanchefleur, qui se trouvait grosse[5], vers sa terre lointaine. Il atterrit devant son château de Kanoël, confia la reine à la sauvegarde de son maréchal[6] Rohalt, Rohalt que tous, pour sa loyauté, appelaient d'un beau nom, Rohalt le Foi-Tenant[7] ; puis, ayant rassemblé ses barons[8], Rivalen partit pour soutenir[9] sa guerre.

Blanchefleur l'attendit longuement. Hélas ! il ne devait pas revenir. Un jour, elle apprit que le duc Morgan l'avait tué en trahison. Elle ne le pleura point : ni cris, ni lamentations, mais ses membres devinrent faibles et vains ; son

La géographie du roman

L'histoire se déroule dans des royaumes appartenant à la civilisation celte. Le roi Marc règne sur la Cornouailles au sud-est de l'actuelle Angleterre, la capitale en est Tintagel. Le royaume de Tristan, le Loonnois, est situé en Bretagne. Iseut vient du sud-est de l'Irlande. ■

1. Douleur.
2. L'épousa.
3. Monastère.
4. Navires.
5. Enceinte.
6. Grand officier royal.
7. Qui tient sa foi (qui respecte la parole donnée).
8. Membres de la haute noblesse, vassaux du roi.
9. Mener.

âme voulut, d'un fort désir, s'arracher de son corps. Rohalt s'efforçait de la consoler :

« Reine, disait-il, on ne peut rien gagner à mettre deuil sur deuil ; tous ceux qui naissent ne doivent-ils pas mourir ? Que Dieu reçoive les morts et préserve les vivants ! »

Mais elle ne voulut pas l'écouter. Trois jours elle attendit de rejoindre son cher seigneur. Au quatrième jour, elle mit au monde un fils, et, l'ayant pris entre ses bras :

« Fils, lui dit-elle, j'ai longtemps désiré de te voir ; et je vois la plus belle créature que femme ait jamais portée. Triste j'accouche, triste est la première fête que je te fais, à cause de toi j'ai tristesse à mourir. Et comme ainsi tu es venu sur terre par tristesse, tu auras nom Tristan. »

Quand elle eut dit ces mots, elle le baisa, et, sitôt qu'elle l'eut baisé, elle mourut. Rohalt le Foi-Tenant recueillit l'orphelin. Déjà les hommes du duc Morgan enveloppaient[1] le château de Kanoël : comment Rohalt aurait-il pu soutenir longtemps la guerre ? On dit justement : « Démesure n'est pas prouesse[2] » ; il dut se rendre à la merci[3] du duc Morgan. Mais, de crainte que Morgan n'égorgeât le fils de Rivalen, le maréchal le fit passer pour son propre enfant et l'éleva parmi ses fils.

Après sept ans accomplis, lorsque le temps fut venu de le reprendre aux femmes, Rohalt confia Tristan à un sage maître, le bon écuyer[4] Gorvenal. Gorvenal lui enseigna en peu d'années les arts qui conviennent aux barons. Il lui apprit à manier la lance, l'épée, l'écu[5] et l'arc, à lancer des disques de pierre, à franchir d'un bond les plus larges fossés ; il lui apprit à détester tout mensonge et toute félonie[6], à secourir les faibles, à tenir la foi donnée ; il lui apprit diverses

1. Entouraient.
2. Folie n'est pas bravoure.
3. Se rendre.
4. Homme noble au service d'un chevalier dont il porte l'écu (bouclier).
5. Le bouclier.
6. Traîtrise.

manières de chant, le jeu de la harpe et l'art du veneur[7] ; et quand l'enfant chevauchait parmi les jeunes écuyers, on eût dit que son cheval, ses armes et lui ne formaient qu'un seul corps et n'eussent jamais été séparés. À le voir si noble et si fier, large des épaules, grêle des flancs, fort, fidèle et preux[8], tous louaient Rohalt parce qu'il avait un tel fils. Mais Rohalt, songeant à Rivalen et à Blanchefleur, de qui revivaient la jeunesse et la grâce, chérissait Tristan comme son fils, et secrètement le révérait[9] comme son seigneur.

Or, il advint que toute sa joie lui fut ravie[10], au jour où des marchands de Norvège, ayant attiré Tristan sur leur nef, l'emportèrent comme une belle proie. Tandis qu'ils cinglaient[11] vers des terres inconnues, Tristan se débattait, ainsi qu'un jeune loup pris au piège. Mais c'est vérité prouvée, et tous les mariniers le savent : la mer porte à regret les nefs félonnes[12], et n'aide pas aux rapts ni aux traîtrises. Elle se souleva furieuse, enveloppa la nef de ténèbres, et la chassa huit jours et huit nuits à l'aventure. Enfin, les mariniers aperçurent à travers la brume une côte hérissée de falaises et de récifs où elle voulait briser leur carène[13]. Ils se repentirent[14] : connaissant que le courroux de la mer venait de cet enfant ravi à la male heure[15], ils firent vœu de le délivrer et parèrent[16] une barque pour le déposer au rivage. Aussitôt tombèrent les vents et les vagues, le ciel brilla, et, tandis que la nef des Norvégiens disparaissait au loin, les flots calmés et riants portèrent la barque de Tristan sur le sable d'une grève.

À grand effort, il monta sur la falaise et vit qu'au-delà d'une lande vallonnée et déserte, une forêt s'étendait sans fin. Il se lamentait, regrettant Gorvenal, Rohalt son

L'éducation des futurs chevaliers

Le jeune garçon noble reçoit une éducation physique (maniement de l'épée, de la lance, de l'arc et de l'écu) et morale destinée à faire de lui un chevalier accompli avant d'être adoubé au cours d'une cérémonie (l'adoubement). ■

7. Celui qui, lors d'une chasse, dirige les chiens courants.
8. Courageux.
9. Respectait.
10. Enlevée.
11. Naviguaient.
12. Traîtresses.
13. Coque d'un navire.
14. Demandèrent pardon.
15. Pour leur malheur.
16. Équipèrent.

père, et la terre de Loonnois, quand le bruit lointain d'une chasse à cor et à cri[1] réjouit son cœur. Au bord de la forêt, un beau cerf déboucha. La meute[2] et les veneurs dévalaient sur sa trace à grand bruit de voix et de trompes. Mais, comme les limiers[3] se suspendaient déjà par grappes au cuir de son garrot[4], la bête, à quelques pas de Tristan, fléchit sur les jarrets[5] et rendit les abois[6]. Un veneur la servit[7] de l'épieu[8]. Tandis que, rangés en cercle, les chasseurs cornaient de prise[9], Tristan, étonné, vit le maître veneur entailler largement, comme pour la trancher, la gorge du cerf. Il s'écria :

« Que faites-vous, seigneur ? Sied-il[10] de découper si noble bête comme un porc égorgé ? Est-ce donc la coutume de ce pays ?

– Beau[11] frère, répondit le veneur, que fais-je là qui puisse te surprendre ? Oui, je détache d'abord la tête de ce cerf, puis je trancherai son corps en quatre quartiers que nous porterons, pendus aux arçons[12] de nos selles, au roi Marc, notre seigneur. Ainsi faisons-nous ; ainsi, dès le temps des plus anciens veneurs, ont toujours fait les hommes de Cornouailles. Si pourtant tu connais quelque coutume plus louable, montre-nous-la ; prends ce couteau, beau frère ; nous l'apprendrons volontiers. »

Tristan se mit à genoux et dépouilla[13] le cerf avant de le défaire[14] ; puis il dépeça[15] la tête en laissant, comme il convient, l'os corbin[16] tout franc[17] ; puis il leva les menus droits[18], le mufle, la langue, les daintiers[19] et la veine du cœur.

Et veneurs et valets de limiers, penchés sur lui, le regardaient, charmés.

1. Chasse au son du cor et des cris.
2. Ensemble des chiens de chasse.
3. Chiens de chasse.
4. Encolure.
5. Partie de la jambe située derrière le genou.
6. Fit face à la meute.
7. L'acheva.
8. Gros bâton terminé par un bout pointu en fer.
9. Sonnaient du cor pour annoncer la mise à mort.
10. Convient-il.
11. Cher.
12. Armatures de la selle.
13. Ôta la peau.
14. Découper.
15. Découpa en morceaux.
16. Os en forme de bec.
17. Entièrement dégagé.
18. Petits muscles de l'abdomen.
19. Testicules du cerf.

« Ami, dit le maître veneur, ces coutumes sont belles ; en quelle terre les as-tu apprises ? Dis-nous ton pays et ton nom.

– Beau seigneur, on m'appelle Tristan ; et j'appris ces coutumes en mon pays de Loonnois.

– Tristan, dit le veneur, que Dieu récompense le père qui t'éleva si noblement ! Sans doute, il est un baron riche et puissant ? »

Mais Tristan, qui savait bien parler et bien se taire, répondit par ruse :

« Non, seigneur, mon père est un marchand. J'ai quitté secrètement sa maison sur une nef qui partait pour trafiquer[20] au loin, car je voulais apprendre comment se comportent les hommes des terres étrangères. Mais, si vous m'acceptez parmi vos veneurs, je vous suivrai volontiers, et vous ferai connaître, beau seigneur, d'autres déduits[21] de vénerie.

– Beau Tristan, je m'étonne qu'il soit une terre où les fils des marchands savent ce qu'ignorent ailleurs les fils des chevaliers. Mais viens avec nous, puisque tu le désires, et sois le bienvenu. Nous te conduirons près du roi Marc, notre seigneur. »

Tristan achevait de défaire le cerf. Il donna aux chiens le cœur, le massacre[22] et les entrailles, et enseigna aux chasseurs comment se doivent faire la curée[23] et le forhu[24]. Puis il planta sur des fourches les morceaux bien divisés et les confia aux différents veneurs : à l'un la tête, à l'autre le cimier[25] et les grands filets ; à ceux-ci les épaules, à ceux-là les cuissots, à cet autre le gros des nombles[26]. Il leur apprit comment ils devaient se ranger deux par deux

20. Faire du commerce.

21. Plaisirs.

22. Les bas morceaux.

23. Distribution des parties du gibier que l'on donne à la meute.

24. Distribution des intestins aux chiens.

25. La croupe du cerf.

26. Les deux muscles de l'intérieur des cuisses du cerf.

pour chevaucher en belle ordonnance, selon la noblesse des pièces de venaison[1] dressées sur les fourches.

Alors ils se mirent à la voie[2] en devisant[3], tant qu'ils découvrirent enfin un riche château. Des prairies l'environnaient, des vergers, des eaux vives, des pêcheries et des terres de labour. Des nefs nombreuses entraient au port. Le château se dressait sur la mer, fort et beau, bien muni contre tout assaut et tous engins de guerre ; et sa maîtresse tour, jadis élevée par les géants, était bâtie de blocs de pierre, grands et bien taillés, disposés comme un échiquier de sinople[4] et d'azur.

Tristan demanda le nom de ce château.

« Beau valet, on le nomme Tintagel.

– Tintagel, s'écria Tristan, béni sois-tu de Dieu, et bénis soient tes hôtes ! »

Seigneurs, c'est là que jadis, à grand'joie, son père Rivalen avait épousé Blanchefleur. Mais, hélas ! Tristan l'ignorait.

Quand ils parvinrent au pied du donjon, les fanfares des veneurs attirèrent aux portes les barons et le roi Marc lui-même.

Après que le maître veneur lui eut conté l'aventure, Marc admira le bel arroi[5] de cette chevauchée, le cerf bien dépecé, et le grand sens des coutumes de vénerie. Mais surtout il admirait le bel enfant étranger, et ses yeux ne pouvaient se détacher de lui. D'où lui venait cette première tendresse ? Le roi interrogeait son cœur et ne pouvait le comprendre. Seigneurs, c'était son sang qui s'émouvait et parlait en lui, et l'amour qu'il avait jadis porté à sa sœur Blanchefleur.

? À votre Avis

Le roi Marc est :

- ❑ Le père de Tristan ?
- ❑ L'oncle de Tristan ?
- ❑ Le suzerain de son père ?

1. Chair comestible du gibier.
2. En route.
3. Discutant.
4. De couleur rouge.
5. Allure.

Le soir, quand les tables furent levées[6], un jongleur gallois[7], maître en son art, s'avança parmi les barons assemblés, et chanta des lais de harpe[8]. Tristan était assis aux pieds du roi, et, comme le harpeur préludait[9] à une nouvelle mélodie, Tristan lui parla ainsi :

« Maître, ce lai est beau entre tous : jadis les anciens Bretons l'ont fait pour célébrer les amours de Graelent. L'air en est doux, et douces les paroles. Maître, ta voix est habile, harpe-le bien ! »

Le Gallois chanta, puis répondit :

« Enfant, que sais-tu donc de l'art des instruments ? Si les marchands de la terre de Loonnois enseignent aussi à leurs fils le jeu des harpes, des rotes et des vielles[10], lève-toi, prends cette harpe, et montre ton adresse[11]. »

Tristan prit la harpe et chanta si bellement que les barons s'attendrissaient à l'entendre. Et Marc admirait le harpeur venu de ce pays de Loonnois où jadis Rivalen avait emporté Blanchefleur.

Quand le lai fut achevé, le roi se tut longuement.

« Fils, dit-il enfin, béni soit le maître qui t'enseigna, et béni sois-tu de Dieu ! Dieu aime les bons chanteurs. Leur voix et la voix de leur harpe pénètrent le cœur des hommes, réveillent leurs souvenirs chers et leur font oublier maint deuil et maint méfait. Tu es venu pour notre joie en cette demeure. Reste longtemps près de moi, ami !

– Volontiers, je vous servirai, sire, répondit Tristan, comme votre harpeur, votre veneur et votre homme lige[12]. »

Il fit ainsi, et, durant trois années, une mutuelle tendresse grandit dans leurs cœurs. Le jour, Tristan suivait

6. Desservies.

7. Trouvère venu du Pays de Galles, au nord de la Cornouailles.

8. Poèmes lyriques chantés en s'accompagnant de la harpe.

9. Commençait.

10. Instruments de musique du Moyen Âge.

11. Habileté.

12. Vassal qui a juré de toujours rester fidèle à un suzerain.

Les liens entre suzerain et vassal

Le vassal se soumet librement à la protection d'un seigneur plus puissant. Il doit prendre les armes pour le défendre ou le suivre à la guerre. Il doit l'aider financièrement pour les croisades ou les rançons, et l'assister de ses conseils lors des assemblées féodales et des cours de justice. Le seigneur, de son côté, lui fournit un fief qui lui donnera des revenus et lui doit protection et bonne justice. ■

Marc aux plaids[1] ou en chasse, et, la nuit, comme il couchait dans la chambre royale parmi les privés et les fidèles, si le roi était triste, il harpait pour apaiser son déconfort[2]. Les barons le chérissaient, et, sur tous les autres, comme l'histoire vous l'apprendra, le sénéchal[3] Dinas de Lidan. Mais plus tendrement que les barons et que Dinas de Lidan, le roi l'aimait. Malgré leur tendresse, Tristan ne se consolait pas d'avoir perdu Rohalt son père, et son maître Gorvenal, et la terre de Loonnois.

Seigneurs, il sied[4] au conteur qui veut plaire d'éviter les trop longs récits. La matière de ce conte est si belle et si diverse : que servirait de l'allonger ? Je dirai donc brièvement comment, après avoir longtemps erré par les mers et les pays, Rohalt le Foi-Tenant aborda en Cornouailles, retrouva Tristan, et, montrant au roi l'escarboucle[5] jadis donnée par lui à Blanchefleur comme un cher présent nuptial[6], lui dit :

« Roi Marc, celui-ci est Tristan de Loonnois, votre neveu, fils de votre sœur Blanchefleur et du roi Rivalen. Le duc Morgan tient sa terre[7] à grand tort ; il est temps qu'elle fasse retour au droit héritier[8]. »

Et je dirai brièvement comment Tristan, ayant reçu de son oncle les armes de chevalier, franchit la mer sur les nefs de Cornouailles, se fit reconnaître des anciens vassaux de son père, défia le meurtrier de Rivalen, l'occit[9] et recouvra sa terre.

Puis il songea que le roi Marc ne pouvait plus vivre heureusement sans lui, et comme la noblesse de son cœur lui révélait toujours le parti[10] le plus sage, il manda[11] ses comtes et ses barons et leur parla ainsi :

1. Assemblées des grands.
2. Sa tristesse.
3. Grand officier qui commandait l'armée et rendait la justice au nom du roi.
4. Convient.
5. Pierre précieuse rouge.
6. De mariage.
7. Possède.
8. À l'héritier légitime.
9. Le tua.
10. Le choix.
11. Fit venir.

« Seigneurs de Loonnois, j'ai reconquis ce pays et j'ai vengé le roi Rivalen par l'aide de Dieu et par votre aide. Ainsi j'ai rendu à mon père son droit. Mais deux hommes, Rohalt et le roi Marc de Cornouailles, ont soutenu l'orphelin et l'enfant errant, et je dois aussi les appeler pères ; à ceux-là, pareillement, ne dois-je pas rendre leur droit ? Or, un haut homme[12] a deux choses à lui : sa terre et son corps. Donc, à Rohalt, que voici, j'abandonnerai ma terre : père, vous la tiendrez et votre fils la tiendra après vous. Au roi Marc, j'abandonnerai mon corps ; je quitterai ce pays, bien qu'il me soit cher, et j'irai servir mon seigneur Marc en Cornouailles. Telle est ma pensée ; mais vous êtes mes féaux[13], seigneurs de Loonnois, et me devez le conseil ; si donc l'un de vous veut m'enseigner une autre résolution[14], qu'il se lève et qu'il parle ! »

Mais tous les barons le louèrent avec des larmes, et Tristan, emmenant avec lui le seul Gorvenal, appareilla[15] pour la terre du roi Marc.

II – Le Morholt d'Irlande

Quand Tristan y rentra, Marc et toute sa baronnie[16] menaient grand deuil. Car le roi d'Irlande avait équipé une flotte pour ravager la Cornouailles, si Marc refusait encore, ainsi qu'il faisait depuis quinze années, d'acquitter un tribut[17] jadis payé par ses ancêtres. Or, sachez que, selon d'anciens traités d'accord, les Irlandais pouvaient lever[18] sur la Cornouailles, la première année trois cents livres de cuivre, la deuxième année trois cents livres

12. Un noble.
13. Vassaux fidèles.
14. Décision.
15. Prit la mer.
16. Ensemble des nobles tenant leur fief du roi.
17. Impôt que doit payer un vaincu à son vainqueur.
18. Percevoir.

d'argent fin et la troisième trois cents livres d'or. Mais quand revenait la quatrième année, ils emportaient trois cents jeunes garçons et trois cents jeunes filles, de l'âge de quinze ans, tirés au sort entre les familles de Cornouailles. Or, cette année, le roi avait envoyé vers Tintagel, pour porter son message, un chevalier géant, le Morholt, dont il avait épousé la sœur, et que nul n'avait jamais pu vaincre en bataille. Mais le roi Marc, par lettres scellées[1], avait convoqué à sa cour tous les barons de sa terre, pour prendre leur conseil.

Au terme marqué[2], quand les barons furent assemblés dans la salle voûtée du palais et que Marc se fut assis sous le dais[3], le Morholt parla ainsi :

« Roi Marc, entends pour la dernière fois le mandement[4] du roi d'Irlande, mon seigneur. Il te semond[5] de payer enfin le tribut que tu lui dois. Pour ce que tu l'as trop longtemps refusé, il te requiert[6] de me livrer en ce jour trois cents jeunes garçons et trois cents jeunes filles, de l'âge de quinze ans, tirés au sort entre les familles de Cornouailles. Ma nef, ancrée au port de Tintagel, les emportera pour qu'ils deviennent nos serfs[7]. Pourtant, – et je n'excepte que toi seul, roi Marc, ainsi qu'il convient, – si quelqu'un de tes barons veut prouver par bataille que le roi d'Irlande lève ce tribut contre le droit, j'accepterai son gage. Lequel d'entre vous, seigneurs cornouaillais, veut combattre pour la franchise[8] de ce pays ? »

Les barons se regardaient entre eux à la dérobée[9], puis baissaient la tête. Celui-ci se disait : « Vois, malheureux, la stature[10] du Morholt d'Irlande : il est plus fort que quatre hommes robustes. Regarde son épée : ne sais-tu

? À votre Avis

Qui est le Morholt ?

- ❑ Un géant envoyé par le roi d'Irlande.
- ❑ Un géant envoyé par Marc au roi d'Irlande.
- ❑ Un géant venu défier Tristan.

1. Lettres cachetées par un sceau en cire.
2. Le jour dit.
3. Tenture suspendue au-dessus d'un trône.
4. L'ordre.
5. Exige de toi.
6. T'ordonne.
7. Serviteurs, hommes qui ne pouvaient disposer ni de leur personne, ni de leurs biens.
8. Pour affranchir ce pays du tribut.
9. Rapidement et en cachette.
10. Taille.

point que par sortilège[11] elle a fait voler la tête des plus hardis champions, depuis tant d'années que le roi d'Irlande envoie ce géant porter ses défis par les terres vassales ? Chétif[12], veux-tu chercher la mort ? À quoi bon tenter Dieu ? » Cet autre songeait : « Vous ai-je élevés, chers fils, pour les besognes des serfs, et vous, chères filles, pour celles des filles de joie[13] ? Mais ma mort ne vous sauverait pas. » Et tous se taisaient.

Le Morholt dit encore :

« Lequel d'entre vous, seigneurs cornouaillais, veut prendre mon gage ? Je lui offre une belle bataille car, à trois jours d'ici, nous gagnerons sur des barques l'île Saint-Samson, au large de Tintagel. Là, votre chevalier et moi, nous combattrons seul à seul, et la louange d'avoir tenté la bataille rejaillira sur toute sa parenté. »

Ils se taisaient toujours, et le Morholt ressemblait au gerfaut[14] que l'on enferme dans une cage avec de petits oiseaux : quand il y entre, tous deviennent muets.

Le Morholt parla pour la troisième fois : « Eh bien, beaux seigneurs cornouaillais, puisque ce parti vous semble le plus noble, tirez vos enfants au sort et je les emporterai ! Mais je ne croyais pas que ce pays ne fût habité que par des serfs. »

Alors Tristan s'agenouilla aux pieds du roi Marc, et dit :

« Seigneur roi, s'il vous plaît de m'accorder ce don, je ferai la bataille. »

En vain le roi Marc voulut l'en détourner. Il était jeune chevalier : de quoi lui servirait sa hardiesse ? Mais Tristan donna son gage au Morholt, et le Morholt le reçut.

Le gage

Le gage est un objet que celui qui défie lance par terre et que celui qui est défié ramasse pour montrer qu'il relève (accepte) le combat. ■

11. Magie.
12. Misérable.
13. Prostituées.
14. Faucon dressé pour la chasse.

Au jour dit, Tristan se plaça sur une courtepointe de cendal vermeil[1], et se fit armer pour la haute aventure. Il revêtit le haubert[2] et le heaume[3] d'acier bruni. Les barons pleuraient de pitié sur le preux[4] et de honte sur eux-mêmes. « Ah ! Tristan, se disaient-ils, hardi baron, belle jeunesse, que n'ai-je, plutôt que toi, entrepris cette bataille ! Ma mort jetterait un moindre deuil sur cette terre ! » Les cloches sonnent, et tous, ceux de la baronnie et ceux de la gent menue[5], vieillards, enfants et femmes, pleurant et priant, escortent Tristan jusqu'au rivage. Ils espéraient encore, car l'espérance au cœur des hommes vit de chétive pâture[6].

Tristan monta seul dans une barque et cingla[7] vers l'île Saint-Samson. Mais le Morholt avait tendu à son mât une voile de riche pourpre, et le premier il aborda dans l'île. Il attachait sa barque au rivage, quand Tristan, touchant terre à son tour, repoussa du pied la sienne vers la mer.

« Vassal[8], que fais-tu ? dit le Morholt, et pourquoi n'as-tu pas retenu comme moi ta barque par une amarre ?

– Vassal, à quoi bon ? répondit Tristan. L'un de nous reviendra seul vivant d'ici : une seule barque ne lui suffit-elle pas ? »

Et tous deux, s'excitant au combat par des paroles outrageuses[9], s'enfoncèrent dans l'île.

Nul ne vit l'âpre[10] bataille ; mais, par trois fois, il sembla que la brise de mer portait au rivage un cri furieux. Alors, en signe de deuil, les femmes battaient leurs paumes[11] en chœur, et les compagnons du Morholt, massés à l'écart devant leurs tentes, riaient. Enfin, vers l'heure de none[12], on vit au loin se tendre la voile de pourpre ; la barque de l'Irlandais se détacha de l'île, et une clameur de détresse

1. Couverture de soie rouge.
2. Chemise à capuche en mailles de métal qui protège la poitrine et la tête.
3. Casque qui recouvre toute la tête.
4. Courageux Tristan.
5. Du peuple.
6. De peu de chose.
7. Se dirigea.
8. Inférieur, ici terme injurieux.
9. Injurieuses.
10. Dure.
11. Frappaient dans leurs mains.
12. Neuvième heure après le lever du soleil.

retentit : « Le Morholt ! le Morholt ! » Mais, comme la barque grandissait, soudain, au sommet d'une vague, elle montra un chevalier qui se dressait à la proue ; chacun de ses poings tendait une épée brandie : c'était Tristan. Aussitôt vingt barques volèrent à sa rencontre et les jeunes hommes se jetaient à la nage. Le preux s'élança sur la grève et, tandis que les mères à genoux baisaient ses chausses de fer, il cria aux compagnons du Morholt :

« Seigneurs d'Irlande, le Morholt a bien combattu. Voyez : mon épée est ébréchée, un fragment de la lame est resté enfoncé dans son crâne. Emportez ce morceau d'acier, seigneurs : c'est le tribut[13] de la Cornouailles ! »

Alors il monta vers Tintagel. Sur son passage, les enfants délivrés agitaient à grands cris des branches vertes, et de riches courtines[14] se tendaient aux fenêtres. Mais quand, parmi les chants d'allégresse, aux bruits des cloches, des trompes et des buccines[15], si retentissants qu'on n'eût pas ouï Dieu tonner, Tristan parvint au château, il s'affaissa entre les bras du roi Marc et le sang ruisselait de ses blessures.

À grand déconfort[16], les compagnons du Morholt abordèrent en Irlande. Naguère, quand il rentrait au port de Weisefort[17], le Morholt se réjouissait à revoir ses hommes assemblés qui l'acclamaient en foule, et la reine sa sœur, et sa nièce, Iseut la Blonde, aux cheveux d'or, dont la beauté brillait déjà comme l'aube qui se lève. Tendrement elles lui faisaient accueil, et, s'il avait reçu quelque blessure, elles le guérissaient ; car elles savaient[18] les baumes[19] et les breuvages qui raniment les blessés déjà pareils à des morts.

13. Le prix gagné par le vainqueur.
14. Tentures.
15. Trompettes.
16. Tristement.
17. Au sud de l'Irlande.
18. Connaissaient.
19. Pommades.

Mais de quoi leur serviraient maintenant les recettes magiques, les herbes cueillies à l'heure propice, les philtres[1] ? Il gisait[2] mort, cousu dans un cuir de cerf[3], et le fragment de l'épée ennemie était encore enfoncé dans son crâne. Iseut la Blonde l'en retira pour l'enfermer dans un coffret d'ivoire, précieux comme un reliquaire[4]. Et, courbées sur le grand cadavre, la mère et la fille, redisant sans fin l'éloge du mort et sans répit[5] lançant la même imprécation[6] contre le meurtrier, menaient à tour de rôle parmi les femmes le regret funèbre[7]. De ce jour, Iseut la Blonde apprit à haïr le nom de Tristan de Loonnois.

Mais, à Tintagel, Tristan languissait[8] : un sang venimeux[9] découlait de ses blessures. Les médecins connurent que le Morholt avait enfoncé dans sa chair un épieu empoisonné, et comme leurs boissons et leur thériaque[10] ne pouvaient le sauver, ils le remirent à la garde de Dieu. Une puanteur si odieuse s'exhalait[11] de ses plaies que tous ses plus chers amis le fuyaient, tous, sauf le roi Marc, Gorvenal et Dinas de Lidan. Seuls, ils pouvaient demeurer à son chevet[12], et leur amour surmontait leur horreur. Enfin, Tristan se fit porter dans une cabane construite à l'écart sur le rivage ; et, couché devant les flots, il attendait la mort. Il songeait : « Vous m'avez donc abandonné, roi Marc, moi qui ai sauvé l'honneur de votre terre ? Non, je le sais, bel oncle, que vous donneriez votre vie pour la mienne ; mais que pourrait votre tendresse ? Il me faut mourir. Il est doux, pourtant, de voir le soleil, et mon cœur est hardi encore. Je veux tenter la mer aventureuse… Je veux qu'elle m'emporte au loin, seul. Vers quelle terre ? Je ne sais, mais là peut-être où je trouverai qui me guérisse.

1. Remèdes magiques.
2. Était couché.
3. Une peau de cerf.
4. Boîte dans laquelle on garde les reliques (os, objets, vêtements) des saints.
5. Sans s'arrêter.
6. Malédiction.
7. Les lamentations pendant la veillée funèbre.
8. S'affaiblissait.
9. Plein de poison.
10. Remède.
11. Se dégageait.
12. Près de son lit.

Et peut-être un jour vous servirai-je encore, bel oncle, comme votre harpeur, et votre veneur, et votre bon vassal. »

Il supplia tant, que le roi Marc consentit à son désir. Il le porta sur une barque sans rames ni voile, et Tristan voulut qu'on déposât seulement sa harpe près de lui. À quoi bon les voiles que ses bras n'auraient pu dresser ? À quoi bon les rames ? À quoi bon l'épée ? Comme un marinier, au cours d'une longue traversée, lance par-dessus bord le cadavre d'un ancien compagnon, ainsi, de ses bras tremblants, Gorvenal poussa au large la barque où gisait son cher fils, et la mer l'emporta.

Sept jours et sept nuits, elle l'entraîna doucement. Parfois, Tristan harpait[13] pour charmer sa détresse. Enfin, la mer, à son insu[14], l'approcha d'un rivage. Or, cette nuit-là, des pêcheurs avaient quitté le port pour jeter leurs filets au large, et ramaient, quand ils entendirent une mélodie douce, hardie et vive, qui courait au ras des flots. Immobiles, leurs avirons[15] suspendus sur les vagues, ils écoutaient ; dans la première blancheur de l'aube, ils aperçurent la barque errante. « Ainsi, se disaient-ils, une musique surnaturelle enveloppait la nef de saint Brendan, quand elle voguait vers les îles Fortunées sur la mer aussi blanche que le lait. » Ils ramèrent pour atteindre la barque : elle allait à la dérive, et rien n'y semblait vivre, que la voix de la harpe ; mais, à mesure qu'ils approchaient, la mélodie s'affaiblit, elle se tut, et, quand ils accostèrent, les mains de Tristan étaient retombées inertes sur les cordes frémissantes encore. Ils le recueillirent et retournèrent vers le port pour remettre le blessé à leur dame compatissante[16] qui saurait peut-être le guérir.

Saint Brendan

Évêque irlandais du Ve siècle qui a participé à l'évangélisation du pays à la suite de saint Patrick. Parti à la recherche du jardin d'Éden sur une petite embarcation à travers l'océan Atlantique, il serait allé jusqu'aux îles Canaries alors appelées « îles Fortunées » et, selon certaines légendes, serait même arrivé aux Açores, qu'il assimile au Paradis. ■

13. Jouait de la harpe.
14. Sans qu'il s'en rende compte.
15. Rames.
16. Maîtresse pleine de pitié.

Hélas ! ce port était Weisefort, où gisait le Morholt, et leur dame était Iseut la Blonde. Elle seule, habile aux philtres, pouvait sauver Tristan ; mais, seule parmi les femmes, elle voulait sa mort. Quand Tristan, ranimé par son art, se reconnut[1], il comprit que les flots l'avaient jeté sur une terre de péril[2]. Mais, hardi encore à défendre sa vie, il sut trouver rapidement de belles paroles rusées. Il conta qu'il était un jongleur qui avait pris passage sur une nef marchande ; il naviguait vers l'Espagne pour y apprendre l'art de lire dans les étoiles ; des pirates avaient assailli la nef : blessé, il s'était enfui sur cette barque. On le crut : nul des compagnons du Morholt ne reconnut le beau chevalier de l'île Saint-Samson, si laidement le venin avait déformé ses traits. Mais quand, après quarante jours, Iseut aux cheveux d'or l'eut presque guéri, comme déjà, en ses membres assouplis, commençait à renaître la grâce de la jeunesse, il comprit qu'il fallait fuir ; il s'échappa, et, après maints dangers courus, un jour il reparut devant le roi Marc.

1. Reprit connaissance.
2. Danger.

III – La Belle aux cheveux d'or

Il y avait à la cour du roi Marc quatre barons, les plus félons[3] des hommes, qui haïssaient Tristan de male[4] haine pour sa prouesse et pour le tendre amour que le roi lui portait. Et je sais vous redire leurs noms : Andret, Guenelon, Gondoïne et Denoalen ; or le duc Andret était, comme Tristan, un neveu du roi Marc. Connaissant que le roi méditait de vieillir sans enfants pour laisser sa terre à Tristan, leur envie s'irrita, et, par des mensonges, ils animaient[5] contre Tristan les hauts[6] hommes de Cornouailles :

« Que de merveilles[7] en sa vie ! disaient les félons ; mais vous êtes des hommes de grand sens, seigneurs, et qui savez sans doute[8] en rendre raison[9]. Qu'il ait triomphé du Morholt, voilà déjà un beau prodige ; mais par quels enchantements a-t-il pu, presque mort, voguer seul sur la mer ? Lequel de nous, seigneurs, dirigerait une nef sans rames ni voile ? Les magiciens le peuvent, dit-on. Puis, en quel pays de sortilège a-t-il pu trouver remède à ses plaies ? Certes, il est un enchanteur[10] ; oui, sa barque était fée[11] et pareillement son épée, et sa harpe est enchantée, qui chaque jour verse des poisons au cœur du roi Marc ! Comme il a su dompter ce cœur par puissance et charme de sorcellerie ! Il sera roi, seigneurs, et vous tiendrez vos terres d'un magicien ! »

Ils persuadèrent la plupart des barons : car beaucoup d'hommes ne savent pas que ce qui est du pouvoir des magiciens, le cœur peut aussi l'accomplir par la force de l'amour et de la hardiesse. C'est pourquoi les barons

3. Traîtres.
4. Violente.
5. Dressaient.
6. Nobles.
7. Actes prodigieux.
8. Sans aucun doute.
9. En donner une explication.
10. Magicien.
11. Enchantée.

pressèrent[1] le roi Marc de prendre à femme une fille de roi, qui lui donnerait des hoirs[2] ; s'il refusait, ils se retireraient dans leurs forts châteaux[3] pour le guerroyer[4]. Le roi résistait et jurait en son cœur qu'aussi longtemps que vivrait son cher neveu, nulle fille de roi n'entrerait en sa couche. Mais, à son tour, Tristan qui supportait à grand'honte[5] le soupçon d'aimer son oncle à bon profit[6], le menaça : que le roi se rendît à la volonté de sa baronnie ; sinon, il abandonnerait la cour, il s'en irait servir le riche roi de Gavoie. Alors Marc fixa un terme à ses barons : à quarante jours de là, il dirait sa pensée.

Au jour marqué, seul dans sa chambre, il attendait leur venue et songeait tristement : « Où donc trouver fille de roi si lointaine et inaccessible que je puisse feindre[7], mais feindre seulement, de la vouloir pour femme ? »

À cet instant, par la fenêtre ouverte sur la mer, deux hirondelles qui bâtissaient leur nid entrèrent en se querellant, puis, brusquement effarouchées, disparurent. Mais de leurs becs s'était échappé un long cheveu de femme, plus fin que fil de soie, qui brillait comme un rayon de soleil.

Marc, l'ayant pris, fit entrer les barons et Tristan, et leur dit :

« Pour vous complaire[8], seigneurs, je prendrai femme, si toutefois vous voulez quérir[9] celle que j'ai choisie.

– Certes, nous le voulons, beau seigneur ; qui donc est celle que vous avez choisie ?

– J'ai choisi celle à qui fut ce cheveu d'or, et sachez que je n'en veux point d'autre.

1. Poussèrent.
2. Héritiers.
3. Châteaux forts.
4. Lui faire la guerre.
5. Mal.
6. Par intérêt.
7. Faire semblant.
8. Faire plaisir.
9. Chercher.

– Et de quelle part, beau seigneur, vous vient ce cheveu d'or ? qui vous l'a porté ? et de quel pays ?

– Il me vient, seigneurs, de la Belle aux cheveux d'or ; deux hirondelles me l'ont porté ; elles savent de quel pays. »

Les barons comprirent qu'ils étaient raillés et déçus[10]. Ils regardaient Tristan avec dépit, car ils le soupçonnaient d'avoir conseillé cette ruse. Mais Tristan, ayant considéré le cheveu d'or, se souvint d'Iseut la Blonde. Il sourit et parla ainsi :

« Roi Marc, vous agissez à grand tort ; et ne voyez-vous pas que les soupçons de ces seigneurs me honnissent[11] ? Mais vainement vous avez préparé cette dérision[12] : j'irai quérir la Belle aux cheveux d'or. Sachez que la quête est périlleuse et qu'il me sera plus malaisé de retourner de son pays que de l'île où j'ai tué le Morholt ; mais de nouveau je veux mettre pour vous, bel oncle, mon corps et ma vie à l'aventure. Afin que vos barons connaissent si je vous aime d'amour loyal, j'engage ma foi par ce serment : ou je mourrai dans l'entreprise, ou je ramènerai en ce château de Tintagel la Reine aux blonds cheveux. »

Il équipa une belle nef, qu'il garnit de froment, de vin, de miel et de toutes bonnes denrées[13]. Il y fit monter, outre Gorvenal, cent jeunes chevaliers de haut parage[14], choisis parmi les plus hardis, et les affubla de cottes de bure[15] et de chapes de camelin[16] grossier, en sorte qu'ils ressemblaient à des marchands ; mais, sous le pont de la nef, ils cachaient les riches habits de drap d'or, de cendal[17] et d'écarlate, qui conviennent aux messagers d'un roi puissant.

? À votre Avis

Où habite la Belle aux cheveux d'or ?

- ❑ En Cornouailles.
- ❑ En Irlande.
- ❑ En Loonnois.

10. Trompés.
11. Me couvrent de honte.
12. Ruse.
13. Provisions.
14. De haut rang.
15. Grosse étoffe de laine.
16. Manteaux en étoffe légère fabriquée avec du poil de chameau ou de chèvre.
17. Soie.

Quand la nef eut pris le large, le pilote demanda :

« Beau seigneur, vers quelle terre naviguer ?

– Ami, cingle vers l'Irlande, droit au port de Weisefort. »

Le pilote frémit. Tristan ne savait-il pas que, depuis le meurtre du Morholt, le roi d'Irlande pourchassait les nefs cornouaillaises ? Les mariniers saisis, il les pendait à des fourches. Le pilote obéit pourtant et gagna la terre périlleuse.

D'abord, Tristan sut persuader aux hommes de Weisefort que ses compagnons étaient des marchands d'Angleterre venus pour trafiquer[1] en paix. Mais, comme ces marchands d'étrange sorte consumaient[2] le jour aux nobles jeux des tables et des échecs et paraissaient mieux s'entendre à manier les dés qu'à mesurer le froment, Tristan redoutait d'être découvert, et ne savait comment entreprendre sa quête.

Or, un matin, au point du jour[3], il ouït[4] une voix si épouvantable qu'on eût dit le cri d'un démon. Jamais il n'avait entendu bête glapir en telle guise[5], si horrible et si merveilleuse. Il appela une femme qui passait sur le port :

« Dites-moi, fait-il, dame, d'où vient cette voix que j'ai ouïe ? ne me le cachez pas.

– Certes, sire, je vous le dirai sans mensonge. Elle vient d'une bête fière et la plus hideuse qui soit au monde. Chaque jour, elle descend de sa caverne et s'arrête à l'une des portes de la ville. Nul n'en peut sortir, nul n'y peut entrer, qu'on n'ait livré au dragon une jeune fille ; et, dès qu'il la tient entre ses griffes, il la dévore en moins de temps qu'il n'en faut pour dire une patenôtre[6].

1. Faire du commerce.
2. Passaient la journée.
3. À l'aurore.
4. Entendit.
5. De cette manière.
6. Prière.

– Dame, dit Tristan, ne vous raillez pas de moi, mais dites-moi s'il serait possible à un homme né de mère[7] de l'occire[8] en bataille.

– Certes, beau doux sire[9], je ne sais ; ce qui est assuré, c'est que vingt chevaliers éprouvés ont déjà tenté l'aventure ; car le roi d'Irlande a proclamé par voix de héraut[10] qu'il donnerait sa fille Iseut la Blonde à qui tuerait le monstre ; mais le monstre les a tous dévorés. »

Tristan quitte la femme et retourne vers sa nef. Il s'arme en secret, et il eût fait beau voir sortir de la nef de ces marchands si riche destrier[11] de guerre et si fier chevalier. Mais le port était désert, car l'aube venait à peine de poindre, et nul ne vit le preux chevaucher jusqu'à la porte que la femme lui avait montrée. Soudain, sur la route, cinq hommes dévalèrent, qui éperonnaient leurs chevaux, les freins[12] abandonnés, et fuyaient vers la ville. Tristan saisit au passage l'un d'entre eux par ses rouges cheveux tressés, si fortement qu'il le renversa sur la croupe de son cheval et le maintint arrêté :

« Dieu vous sauve, beau sire ! dit Tristan ; par quelle route vient le dragon ? »

Et quand le fuyard lui eut montré la route, Tristan le relâcha.

Le monstre approchait. Il avait la tête d'une guivre[13], les yeux rouges et tels que des charbons embrasés, deux cornes au front, les oreilles longues et velues, des griffes de lion, une queue de serpent, le corps écailleux d'un griffon[14].

Tristan lança contre lui son destrier d'une telle force que, tout hérissé de peur, il bondit pourtant contre le monstre. La lance de Tristan heurta les écailles et vola en éclats.

7. Un homme ordinaire, et non un héros doté de pouvoirs magiques.
8. Le tuer.
9. Très cher seigneur.
10. Officier chargé des proclamations officielles.
11. Cheval de bataille que l'on tient de la main droite.
12. Mors qui servent à guider les chevaux.
13. D'un serpent.
14. Animal fabuleux, moitié aigle, moitié lion.

Aussitôt le preux tire son épée, la lève et l'assène sur la tête du dragon, mais sans même entamer le cuir. Le monstre a senti l'atteinte, pourtant ; il lance ses griffes contre l'écu, les y enfonce, et en fait voler les attaches. La poitrine découverte, Tristan le requiert[1] encore de l'épée, et le frappe sur les flancs d'un coup si violent que l'air en retentit. Vainement : il ne peut le blesser. Alors, le dragon vomit par les naseaux un double jet de flammes venimeuses : le haubert de Tristan noircit comme un charbon éteint, son cheval s'abat et meurt. Mais, aussitôt relevé, Tristan enfonce sa bonne épée dans la gueule du monstre : elle y pénètre toute et lui fend le cœur en deux parts. Le dragon pousse une dernière fois son cri horrible et meurt.

Tristan lui coupa la langue et la mit dans sa chausse. Puis, tout étourdi par la fumée âcre, il marcha, pour y boire, vers une eau stagnante qu'il voyait briller à quelque distance. Mais le venin distillé par la langue du dragon s'échauffa contre son corps, et, dans les hautes herbes qui bordaient le marécage, le héros tomba inanimé.

Or, sachez que le fuyard aux rouges cheveux tressés était Aguynguerran le Roux, le sénéchal du roi d'Irlande, et qu'il convoitait Iseut la Blonde. Il était couard[2], mais telle est la puissance de l'amour que chaque matin il s'embusquait[3], armé, pour assaillir le monstre ; pourtant, du plus loin qu'il entendait son cri, le preux fuyait. Ce jour-là, suivi de ses quatre compagnons, il osa rebrousser chemin. Il trouva le dragon abattu, le cheval mort, l'écu brisé, et pensa que le vainqueur achevait de mourir en quelque lieu. Alors, il trancha la tête du monstre, la porta au roi et réclama le beau salaire promis.

1. Cherche.
2. Peureux.
3. Se mettait en embuscade.

Le roi ne crut guère à sa prouesse ; mais voulant lui faire droit[4], il fit semondre[5] ses vassaux de venir à sa cour, à trois jours de là : devant le barnage[6] assemblé, le sénéchal Aguynguerran fournirait la preuve de sa victoire.

Quand Iseut la Blonde apprit qu'elle serait livrée à ce couard, elle fit d'abord une longue risée[7], puis se lamenta. Mais, le lendemain, soupçonnant l'imposture[8], elle prit avec elle son valet[9], le blond, le fidèle Perinis, et Brangien, sa jeune servante et sa compagne, et tous trois chevauchèrent en secret vers le repaire du monstre, tant qu'Iseut remarqua sur la route des empreintes de forme singulière : sans doute, le cheval qui avait passé là n'avait pas été ferré en ce pays. Puis elle trouva le monstre sans tête et le cheval mort ; il n'était pas harnaché selon la coutume d'Irlande. Certes, un étranger avait tué le dragon ; mais vivait-il encore ?

Iseut, Perinis et Brangien le cherchèrent longtemps ; enfin, parmi les herbes du marécage, Brangien vit briller le heaume du preux. Il respirait encore. Perinis le prit sur son cheval et le porta secrètement dans les chambres des femmes. Là, Iseut conta l'aventure à sa mère, et lui confia l'étranger. Comme la reine lui ôtait son armure, la langue envenimée du dragon tomba de sa chausse. Alors la reine d'Irlande réveilla le blessé par la vertu d'une herbe, et lui dit :

« Étranger, je sais que tu es vraiment le tueur du monstre. Mais notre sénéchal, un félon, un couard, lui a tranché la tête et réclame ma fille Iseut la Blonde pour sa récompense. Sauras-tu, à deux jours d'ici, lui prouver son tort par bataille ?

4. Tenir sa promesse.
5. Demander à.
6. L'assemblée des barons.
7. Elle rit longtemps.
8. Le mensonge.
9. Jeune noble au service d'un seigneur.

– Reine, dit Tristan, le terme[1] est proche. Mais, sans doute, vous pouvez me guérir en deux journées. J'ai conquis Iseut sur le dragon ; peut-être je la conquerrai sur le sénéchal. »

Alors la reine l'hébergea richement, et brassa[2] pour lui des remèdes efficaces. Au jour suivant, Iseut la Blonde lui prépara un bain et doucement oignit[3] son corps d'un baume[4] que sa mère avait composé. Elle arrêta ses regards sur le visage du blessé, vit qu'il était beau, et se prit à penser : « Certes, si sa prouesse vaut sa beauté, mon champion[5] fournira une rude bataille ! » Mais Tristan, ranimé par la chaleur de l'eau et la force des aromates, la regardait, et, songeant qu'il avait conquis la Reine aux cheveux d'or, se mit à sourire. Iseut le remarqua et se dit : « Pourquoi cet étranger a-t-il souri ? Ai-je rien fait qui ne convienne pas ? Ai-je négligé l'un des services qu'une jeune fille doit rendre à son hôte ? Oui, peut-être a-t-il ri parce que j'ai oublié de parer[6] ses armes ternies par le venin. »

Elle vint donc là où l'armure de Tristan était déposée : « Ce heaume est de bon acier, pensa-t-elle, et ne lui faudra pas[7] au besoin. Et ce haubert est fort, léger, bien digne d'être porté par un preux. » Elle prit l'épée par la poignée : « Certes, c'est là une belle épée, et qui convient à un hardi baron. »

Elle tire du riche fourreau, pour l'essuyer, la lame sanglante. Mais elle voit qu'elle est largement ébréchée. Elle remarque la forme de l'entaille : ne serait-ce point la lame qui s'est brisée dans la tête du Morholt ? Elle hésite, regarde encore, veut s'assurer de son doute. Elle court à la

1. Délai.
2. Mélangea.
3. Frotta.
4. D'une pommade.
5. Celui qui me défend.
6. Nettoyer.
7. Ne lui fera pas défaut.

chambre où elle gardait le fragment d'acier retiré naguère du crâne du Morholt. Elle joint le fragment à la brèche ; à peine voyait-on la trace de la brisure.

Alors elle se précipita vers Tristan, et, faisant tournoyer sur la tête du blessé la grande épée, elle cria :

« Tu es Tristan de Loonnois, le meurtrier du Morholt, mon cher oncle. Meurs donc à ton tour ! »

Tristan fit effort pour arrêter son bras ; vainement ; son corps était perclus[8], mais son esprit restait agile. Il parla donc avec adresse :

« Soit, je mourrai ; mais, pour t'épargner les longs repentirs, écoute. Fille de roi, sache que tu n'as pas seulement le pouvoir, mais le droit de me tuer. Oui, tu as droit sur ma vie, puisque deux fois tu me l'as conservée et rendue. Une première fois, naguère : j'étais le jongleur blessé que tu as sauvé quand tu as chassé de son corps le venin dont l'épieu du Morholt l'avait empoisonné. Ne rougis pas, jeune fille, d'avoir guéri ces blessures : ne les avais-je pas reçues en loyal combat ? ai-je tué le Morholt en trahison ? ne m'avait-il pas défié ? ne devais-je pas défendre mon corps ? Pour la seconde fois, en m'allant chercher au marécage, tu m'as sauvé. Ah ! c'est pour toi, jeune fille, que j'ai combattu le dragon… Mais laissons ces choses : je voulais te prouver seulement que, m'ayant par deux fois délivré du péril de la mort, tu as droit sur ma vie. Tue-moi donc, si tu penses y gagner louange et gloire. Sans doute, quand tu seras couchée entre les bras du preux sénéchal, il te sera doux de songer à ton hôte blessé, qui avait risqué sa vie pour te conquérir et t'avait conquise, et que tu auras tué sans défense dans ce bain. »

8. Incapable de bouger.

Iseut s'écria :

« J'entends merveilleuses[1] paroles. Pourquoi le meurtrier du Morholt a-t-il voulu me conquérir ? Ah ! sans doute, comme le Morholt avait jadis tenté de ravir[2] sur sa nef les jeunes filles de Cornouailles, à ton tour, par belles représailles, tu as fait cette vantance[3] d'emporter comme ta serve[4] celle que le Morholt chérissait entre les jeunes filles…

– Non, fille de roi, dit Tristan. Mais un jour deux hirondelles ont volé jusqu'à Tintagel pour y porter l'un de tes cheveux d'or. J'ai cru qu'elles venaient m'annoncer paix et amour. C'est pourquoi je suis venu te quérir par-delà la mer. C'est pourquoi j'ai affronté le monstre et son venin. Vois ce cheveu cousu parmi les fils d'or de mon bliaut[5] ; la couleur des fils d'or a passé : l'or du cheveu ne s'est pas terni. »

Iseut regarda la grande épée et prit en mains le bliaut de Tristan. Elle y vit le cheveu d'or et se tut longuement ; puis elle baisa son hôte sur les lèvres en signe de paix et le revêtit de riches habits.

Au jour de l'assemblée des barons, Tristan envoya secrètement vers sa nef Perinis, le valet d'Iseut, pour mander à ses compagnons de se rendre à la cour, parés comme il convenait aux messagers d'un riche roi : car il espérait atteindre ce jour même au terme[6] de l'aventure. Gorvenal et les cent chevaliers se désolaient depuis quatre jours d'avoir perdu Tristan ; ils se réjouirent de la nouvelle.

Un à un, dans la salle où déjà s'amassaient sans nombre[7] les barons d'Irlande, ils entrèrent, s'assirent à la file sur un même rang, et les pierreries ruisselaient au long de leurs riches vêtements d'écarlate, de cendal et de

1. Étonnantes.
2. D'enlever.
3. Vantardise.
4. Servante.
5. Ma tunique.
6. À la fin.
7. Très nombreux.

pourpre. Les Irlandais disaient entre eux : « Quels sont ces seigneurs magnifiques ? Qui les connaît ? Voyez ces manteaux somptueux, parés de zibeline[8] et d'orfroi[9] ! Voyez au pommeau des épées, au fermail[10] des pelisses, chatoyer les rubis, les béryls[11], les émeraudes et tant de pierres que nous ne savons même pas nommer ! Qui donc vit jamais splendeur pareille ? D'où viennent ces seigneurs ? À qui sont-ils ? » Mais les cent chevaliers se taisaient et ne se mouvaient[12] de leurs sièges pour nul qui entrât.

Quand le roi d'Irlande fut assis sous le dais, le sénéchal Aguynguerran le Roux offrit de prouver par témoins et de soutenir par bataille qu'il avait tué le monstre et qu'Iseut devait lui être livrée. Alors Iseut s'inclina devant son père et dit :

« Roi, un homme est là, qui prétend convaincre votre sénéchal de mensonge et de félonie[13]. À cet homme prêt à prouver qu'il a délivré votre terre du fléau et que votre fille ne doit pas être abandonnée à un couard, promettez-vous de pardonner ses torts anciens, si grands soient-ils, et de lui accorder votre merci[14] et votre paix ? »

Le roi y pensa et ne se hâtait pas de répondre. Mais ses barons crièrent en foule :

« Octroyez-le[15], sire, octroyez-le ! »

Le roi dit :

« Et je l'octroie ! »

Mais Iseut s'agenouilla à ses pieds : « Père, donnez-moi d'abord le baiser de merci et de paix, en signe que vous le donnerez pareillement à cet homme ! »

Quand elle eut reçu le baiser, elle alla chercher Tristan et le conduisit par la main dans l'assemblée. À sa vue, les

8. Fourrure de martre de Sibérie.
9. De broderie.
10. Boucle ou broche qui ferme un vêtement.
11. Sorte d'émeraudes.
12. Ne se levaient.
13. Traîtrise.
14. Pardon.
15. Accordez-le.

cent chevaliers se levèrent à la fois, le saluèrent les bras en croix sur la poitrine, se rangèrent à ses côtés, et les Irlandais virent qu'il était leur seigneur. Mais plusieurs le reconnurent alors, et un grand cri retentit : « C'est Tristan de Loonnois, c'est le meurtrier du Morholt ! » Les épées nues brillèrent et des voix furieuses répétaient : « Qu'il meure ! »

Mais Iseut s'écria :

« Roi, baise cet homme sur la bouche, ainsi que tu l'as promis ! »

Le roi le baisa sur la bouche, et la clameur s'apaisa.

Alors Tristan montra la langue du dragon, et offrit la bataille au sénéchal, qui n'osa l'accepter et reconnut son forfait[1]. Puis Tristan parla ainsi :

« Seigneurs, j'ai tué le Morholt, mais j'ai franchi la mer pour vous offrir belle amendise[2]. Afin de racheter le méfait, j'ai mis mon corps en péril de mort et je vous ai délivrés du monstre, et voici que j'ai conquis Iseut la Blonde, la belle. L'ayant conquise, je l'emporterai donc sur ma nef. Mais, afin que par les terres d'Irlande et de Cornouailles se répande non plus la haine, mais l'amour, sachez que le roi Marc, mon cher seigneur, l'épousera. Voyez ici cent chevaliers de haut parage[3] prêts à jurer sur les reliques des saints que le roi Marc vous mande[4] paix et amour, que son désir est d'honorer Iseut comme sa chère femme épousée, et que tous les hommes de Cornouailles la serviront comme leur dame et leur reine. »

On apporta les corps saints[5] à grand'joie, et les cent chevaliers jurèrent qu'il avait dit vérité.

1. Reconnut qu'il avait menti.
2. Réparation.
3. De haute naissance.
4. Envoie.
5. Hosties.

Le roi prit Iseut par la main et demanda à Tristan s'il la conduirait loyalement à son seigneur. Devant ses cent chevaliers et devant les barons d'Irlande, Tristan le jura.

Iseut la Blonde frémissait de honte et d'angoisse. Ainsi Tristan, l'ayant conquise, la dédaignait ; le beau conte du cheveu d'or n'était que mensonge, et c'est à un autre qu'il la livrait… Mais le roi posa la main droite d'Iseut dans la main droite de Tristan, et Tristan la retint en signe qu'il se saisissait d'elle, au nom du roi de Cornouailles.

Ainsi, pour l'amour du roi Marc, par la ruse et par la force, Tristan accomplit la quête de la Reine aux cheveux d'or.

pause lecture 1

Tristan, le preux chevalier

▸ Chapitres I à III

La formation (chap. I)

1 Qui sont les parents de Tristan ? VOIR ? PAGE 16

2 Sur quel pays le roi Marc règne-t-il ?

L'enfance de Tristan

3 Pourquoi la mère de Tristan a-t-elle choisi ce prénom ?

4 Qui élève Tristan ? Comment ? Son éducation est-elle conforme à ses origines ?

Le destin de Tristan

5 Comment Tristan arrive-t-il dans le royaume de Cornouailles ? A-t-il choisi cette destination ?

6 Pour qui Tristan se fait-il passer ? Par quoi le veneur est-il surpris ?

À la cour du roi Marc

7 Quels sentiments le roi Marc éprouve-t-il en voyant Tristan et en l'écoutant chanter ? Comment le narrateur les explique-t-il ?

8 Combien de temps Tristan reste-t-il en Cornouailles ? Pourquoi en part-il ?

9 La reconquête de son royaume est-elle racontée ? Quelle raison est donnée ? Par qui ? Quelle décision Tristan prend-il à la fin du chapitre ?

Le première prouesse : le Morholt (chap. II)

1 Qui est le Morholt et que vient-il réclamer ? VOIR ? PAGE 20

2 Quel lien unit le Morholt à Iseut la Blonde ?

Le défi

3 À quelle créature mythologique fait penser le Morholt ? Que propose le géant à Marc pour lui éviter de payer le tribut ? Quelle réponse reçoit-il ? Pourquoi ?

4 Qui accepte de relever le défi ? Quelles réactions provoque cette décision ?

Le combat

5 Où se déroule le combat et combien de temps dure-t-il ? Comment le narrateur dramatise-t-il l'action et renforce-t-il le suspens ?

6 Quelle est l'issue du combat ? Quel signe indique cette victoire ?

La guérison

7 Quelle comparaison illustre la beauté d'Iseut la Blonde ? Quels sont ses pouvoirs ? Quel sentiment éprouve-t-elle pour Tristan, sans le connaître ?

8 Trouvez deux ressemblances entre l'arrivée de Tristan en Cornouailles et en Irlande.

9 Combien de temps Tristan séjourne-t-il en Irlande ? Pourquoi en part-il ?

La quête de la Belle aux cheveux d'or (chap. III)

1 Où habite la Belle aux cheveux d'or ? VOIR ? PAGE 29

2 Qui Tristan doit-il affronter ?

Les causes

3 Pourquoi les quatre barons haïssent-ils Tristan ? De quoi l'accusent-ils ? Quel est le stratagème utilisé par le roi ? Qui le déjoue ? Pourquoi ?

4 À quoi s'engage Tristan ? Pour quelle raison accepte-t-il cette quête ?

Contre le monstre

5 En quoi sont déguisés Tristan et ses compagnons ? Combien de fois Tristan a-t-il déjà caché son identité ?

6 Décrivez la bête qu'il doit affronter. Quelles sont les étapes du combat ? En quoi peut-on parler de récit épique ?

La fin de la quête

7 Qui s'approprie le bénéfice de la victoire ? Comment et dans quel but ? Qui vient en aide à Tristan ? Pourquoi ?

8 Comment Iseut découvre-t-elle l'identité de son sauveur et quelle est sa réaction ? Comment Tristan réussit-il à s'en sortir ?

9 Qu'éprouve Iseut à la fin du chapitre III ? Comment expliquez-vous ce sentiment ?

Du texte à l'image

Observez l'illustration → voir dossier images p. I

Paolo Uccello,
Saint Georges et le dragon,
peinture, 1460.

1. Décrivez le chevalier en nommant les différentes parties de son armement. Comment le monstre est-il représenté ? Et la dame ?
2. Qui est ce chevalier et qui combat-il ? Quel épisode du roman pourrait illustrer cette peinture ? Justifiez votre réponse.
3. À quelle époque cette toile a- t-elle été peinte et par qui ? En quoi est-elle étonnante ?

À vous de jouer

Faites des recherches

En vous aidant des notes et encarts, de dictionnaires, de sites Internet, cherchez des informations sur Thésée, Hercule, Persée et sur les monstres qu'ils ont vaincus. En quoi Tristan leur ressemble-t-il ? En quoi est-il différent d'eux ?

Racontez

Comme Tristan, il vous est arrivé de vous faire passer pour quelqu'un d'autre. Racontez les circonstances de cet événement. À la fin, avez-vous révélé votre identité ?

IV – Le philtre

Quand le temps approcha de remettre Iseut aux chevaliers de Cornouailles, sa mère cueillit des herbes, des fleurs et des racines, les mêla dans du vin, et brassa un breuvage puissant. L'ayant achevé par science et magie, elle le versa dans un coutret[1] et dit secrètement à Brangien :

« Fille, tu dois suivre Iseut au pays du roi Marc, et tu l'aimes d'amour fidèle. Prends donc ce coutret de vin et retiens mes paroles. Cache-le de telle sorte que nul œil ne le voie et que nulle lèvre ne s'en approche. Mais, quand viendront la nuit nuptiale et l'instant où l'on quitte les époux, tu verseras ce vin herbé[2] dans une coupe et tu la présenteras, pour qu'ils la vident ensemble, au roi Marc et à la reine Iseut. Prends garde, ma fille, que seuls ils puissent goûter ce breuvage. Car telle est sa vertu : ceux qui en boiront ensemble s'aimeront de tous leurs sens et de toute leur pensée, à toujours, dans la vie et dans la mort. »

Brangien promit à la reine qu'elle ferait selon sa volonté.

La nef, tranchant les vagues profondes, emportait Iseut. Mais, plus elle s'éloignait de la terre d'Irlande, plus tristement la jeune fille se lamentait. Assise sous la tente où elle s'était renfermée avec Brangien, sa servante, elle pleurait au souvenir de son pays. Où ces étrangers l'entraînaient-ils ? Vers qui ? Vers quelle destinée ? Quand Tristan s'approchait d'elle et voulait l'apaiser par de douces paroles, elle s'irritait, le repoussait, et la haine gonflait

1. Flacon.
2. Vin où ont macéré des herbes.

son cœur. Il était venu, lui le ravisseur, lui le meurtrier du Morholt ; il l'avait arrachée par ses ruses à sa mère et à son pays ; il n'avait pas daigné la garder pour lui-même, et voici qu'il l'emportait, comme sa proie, sur les flots, vers la terre ennemie ! « Chétive[3] ! disait-elle, maudite soit la mer qui me porte ! Mieux aimerais-je mourir sur la terre où je suis née que vivre là-bas ! »

Un jour, les vents tombèrent, et les voiles pendaient dégonflées le long du mât. Tristan fit atterrir dans une île, et, lassés de la mer, les cent chevaliers de Cornouailles et les mariniers descendirent au rivage. Seule Iseut était demeurée sur la nef, et une petite servante. Tristan vint vers la reine et tâchait de calmer son cœur. Comme le soleil brûlait et qu'ils avaient soif, ils demandèrent à boire. L'enfant chercha quelque breuvage, tant[4] qu'elle découvrit le coutret confié à Brangien par la mère d'Iseut. « J'ai trouvé du vin ! » leur cria-t-elle. Non, ce n'était pas du vin : c'était la passion, c'était l'âpre[5] joie et l'angoisse sans fin, et la mort. L'enfant remplit un hanap[6] et le présenta à sa maîtresse. Elle but à longs traits[7], puis le tendit à Tristan, qui le vida.

À cet instant, Brangien entra et les vit qui se regardaient en silence, comme égarés et comme ravis[8]. Elle vit devant eux le vase presque vide et le hanap. Elle prit le vase, courut à la poupe[9], le lança dans les vagues et gémit :

« Malheureuse ! maudit soit le jour où je suis née et maudit le jour où je suis montée sur cette nef ! Iseut, amie, et vous, Tristan, c'est votre mort que vous avez bue ! »

De nouveau, la nef cinglait vers Tintagel. Il semblait à Tristan qu'une ronce vivace, aux épines aiguës, aux fleurs

3. Malheureuse.
4. Si bien que.
5. Douloureuse.
6. Une coupe.
7. De grandes gorgées.
8. Hors d'eux-mêmes.
9. L'avant du navire.

odorantes, poussait ses racines dans le sang de son cœur et par de forts liens enlaçait au beau corps d'Iseut son corps et toute sa pensée, et tout son désir. Il songeait : « Andret, Denoalen, Guenelon et Gondoïne, félons qui m'accusiez de convoiter la terre du roi Marc, ah ! je suis plus vil[1] encore, et ce n'est pas sa terre que je convoite ! Bel oncle, qui m'avez aimé orphelin avant même de reconnaître le sang de votre sœur Blanchefleur, vous qui me pleuriez tendrement, tandis que vos bras me portaient jusqu'à la barque sans rames ni voile, bel oncle, que n'avez-vous, dès le premier jour, chassé l'enfant errant venu pour vous trahir ? Ah ! qu'ai-je pensé ? Iseut est votre femme, et moi votre vassal. Iseut est votre femme, et moi votre fils. Iseut est votre femme, et ne peut pas m'aimer. »

Iseut l'aimait. Elle voulait le haïr, pourtant : ne l'avait-il pas vilement[2] dédaignée ? Elle voulait le haïr, et ne pouvait, irritée en son cœur de cette tendresse plus douloureuse que la haine.

Brangien les observait avec angoisse, plus cruellement tourmentée encore, car seule elle savait quel mal elle avait causé. Deux jours elle les épia, les vit repousser toute nourriture, tout breuvage et tout réconfort, se chercher comme des aveugles qui marchent à tâtons l'un vers l'autre, malheureux quand ils languissaient[3] séparés, plus malheureux encore quand, réunis, ils tremblaient devant l'horreur du premier aveu.

Au troisième jour, comme Tristan venait vers la tente, dressée sur le pont de la nef, où Iseut était assise, Iseut le vit s'approcher et lui dit humblement :

« Entrez, seigneur.

1. Mauvais.
2. Honteusement.
3. Souffraient.

– Reine ; dit Tristan, pourquoi m'avoir appelé seigneur ? Ne suis-je pas votre homme lige[4], au contraire, et votre vassal, pour vous révérer, vous servir et vous aimer comme ma reine et ma dame ? »

Iseut répondit :

« Non, tu le sais, que tu es mon seigneur et mon maître ! Tu le sais, que ta force me domine et que je suis ta serve[5] ! Ah ! que n'ai-je avivé[6] naguère les plaies du jongleur blessé ! Que n'ai-je laissé périr le tueur du monstre dans les herbes du marécage ! Que n'ai-je assené[7] sur lui, quand il gisait dans le bain, le coup de l'épée déjà brandie ! Hélas ! je ne savais pas alors ce que je sais aujourd'hui !

– Iseut, que savez-vous donc aujourd'hui ? Qu'est-ce donc qui vous tourmente ?

– Ah ! tout ce que je sais me tourmente, et tout ce que je vois. Ce ciel me tourmente, et cette mer, et mon corps, et ma vie ! »

Elle posa son bras sur l'épaule de Tristan ; des larmes éteignirent le rayon de ses yeux, ses lèvres tremblèrent. Il répéta :

« Amie, qu'est-ce donc qui vous tourmente ? »

Elle répondit :

« L'amour de vous. »

Alors il posa ses lèvres sur les siennes. Mais, comme pour la première fois tous deux goûtaient une joie d'amour, Brangien, qui les épiait, poussa un cri, et, les bras tendus, la face trempée de larmes, se jeta à leurs pieds :

« Malheureux ! arrêtez-vous, et retournez, si vous le pouvez encore ! Mais non, la voie est sans retour, déjà la

La courtoisie

Le mot « courtois », qui apparaît au XIe siècle, est formé à partir de « cour » qui désigne l'entourage d'un prince. Le mot « courtoisie » renvoie à une attitude conforme aux valeurs chevaleresques et, surtout, au respect des devoirs envers la femme aimée. ■

4. Votre serviteur.
5. Servante.
6. Aggravé.
7. Donné avec force.

force de l'amour vous entraîne et jamais plus vous n'aurez de joie sans douleur. C'est le vin herbé qui vous possède, le breuvage d'amour que votre mère, Iseut, m'avait confié. Seul, le roi Marc devait le boire avec vous ; mais l'Ennemi[1] s'est joué de nous trois, et c'est vous qui avez vidé le hanap. Ami Tristan, Iseut amie, en châtiment de la male[2] garde que j'ai faite, je vous abandonne mon corps, ma vie ; car, par mon crime, dans la coupe maudite, vous avez bu l'amour et la mort ! »

Les amants s'étreignirent ; dans leurs beaux corps frémissaient le désir et la vie. Tristan dit :

« Vienne donc la mort ! »

Et, quand le soir tomba, sur la nef qui bondissait plus rapide vers la terre du roi Marc, liés à jamais, ils s'abandonnèrent à l'amour.

V – Brangien livrée aux serfs

Le roi Marc accueillit Iseut la Blonde au rivage. Tristan la prit par la main et la conduisit devant le roi ; le roi se saisit d'elle en la prenant à son tour par la main. À grand honneur[3] il la mena vers le château de Tintagel, et, lorsqu'elle parut dans la salle au milieu des vassaux, sa beauté jeta une telle clarté que les murs s'illuminèrent, comme frappés du soleil levant. Alors le roi Marc loua les hirondelles qui, par belle courtoisie, lui avaient porté le cheveu d'or ; il loua Tristan et les cent chevaliers qui, sur la nef aventureuse, étaient allés lui quérir[4] la joie de ses

1. Le diable.
2. Mauvaise.
3. Avec cérémonie.
4. Chercher.

→ Du texte à l'image p. 43

Saint Georges et le dragon

Du peintre italien Paolo Uccello (1397-1475),
peinture sur panneau de coffre (cassone), 90 × 52 cm , 1440.

→ Du texte à l'image p. 92

Marc épiant Tristan et Iseut

Enluminure pour *Tristan de Léonois*, manuscrit médiéval, conservé à la Bibliothèque nationale de France et reproduit aux dimensions de l'origir

→ Du texte à l'image p. 122

Le Roi Marc et Iseut la Belle

Du peintre anglais Sir Edward Burne-Jones (1833-1898), huile sur toile, 55,7 × 58,2, 1862.

→ Du texte à l'image p. 174

L'Éternel Retour

Film de Jean Delannoy,
avec Jean Marais et Madeleine Sologne, 1943.

yeux et de son cœur. Hélas ! la nef vous apporte, à vous aussi, noble roi, l'âpre deuil et les forts tourments.

À dix-huit jours de là, ayant convoqué tous ses barons, il prit à femme[5] Iseut la Blonde. Mais, lorsque vint la nuit, Brangien, afin de cacher le déshonneur de la reine et pour la sauver de la mort, prit la place d'Iseut dans le lit nuptial. En châtiment de la male garde qu'elle avait faite sur la mer et pour l'amour de son amie, elle lui sacrifia, la fidèle, la pureté de son corps ; l'obscurité de la nuit cacha au roi sa ruse et sa honte.

Les conteurs prétendent ici que Brangien n'avait pas jeté dans la mer le flacon de vin herbé, non tout à fait vidé par les amants ; mais qu'au matin, après que sa dame fut entrée à son tour dans le lit du roi Marc, Brangien versa dans une coupe ce qui restait du philtre et la présenta aux époux ; que Marc y but largement et qu'Iseut jeta sa part à la dérobée[6]. Mais sachez, seigneurs, que ces conteurs ont corrompu[7] l'histoire et l'ont faussée. S'ils ont imaginé ce mensonge, c'est faute de comprendre le merveilleux amour que Marc porta toujours à la reine. Certes, comme vous l'entendrez bientôt, jamais, malgré l'angoisse, le tourment et les terribles représailles[8], Marc ne put chasser de son cœur Iseut ni Tristan ; mais sachez, seigneurs, qu'il n'avait pas bu le vin herbé. Ni poison, ni sortilège ; seule, la tendre noblesse de son cœur lui inspira d'aimer.

Iseut est reine et semble vivre en joie. Iseut est reine et vit en tristesse. Iseut a la tendresse du roi Marc, les barons l'honorent, et ceux de la gent menue[9] la chérissent. Iseut passe le jour dans ses chambres richement peintes et jonchées de fleurs. Iseut a les nobles joyaux, les draps de

Les coutumes royales

Au Moyen Âge, la chambre à coucher royale n'est pas un lieu intime, mais un lieu public. Le roi ou le prince y recevait ses proches qui pouvaient même dormir sur place. ■

5. Épousa.
6. En cachette.
7. Déformé.
8. Actes de vengeance.
9. Le peuple.

pourpre et les tapis venus de Thessalie[1], les chants des harpeurs, et les courtines[2] où sont ouvrés[3] léopards, alérions[4], papegauts[5] et toutes les bêtes de la mer et des bois. Iseut a ses vives, ses belles amours, et Tristan auprès d'elle, à loisir[6], et le jour et la nuit ; car, ainsi que veut la coutume chez les hauts seigneurs, il couche dans la chambre royale, parmi les privés[7] et les fidèles. Iseut tremble pourtant. Pourquoi trembler ? Ne tient-elle pas ses amours secrètes ? Qui soupçonnerait Tristan ? Qui donc soupçonnerait un fils ? Qui la voit ? Qui l'épie ? Quel témoin ? Oui, un témoin l'épie, Brangien ; Brangien la guette ; Brangien seule sait sa vie, Brangien la tient en sa merci[8] ! Dieu ! si, lasse de préparer chaque jour comme une servante le lit où elle a couché la première, elle les dénonçait au roi ! si Tristan mourait par sa félonie[9] ! Ainsi, la peur affole la reine. Non, ce n'est pas de Brangien la fidèle, c'est de son propre cœur que vient son tourment. Écoutez, seigneurs, la grande traîtrise qu'elle médita ; mais Dieu, comme vous l'entendrez, la prit en pitié ; vous aussi, soyez-lui compatissants !

Ce jour-là, Tristan et le roi chassaient au loin, et Tristan ne connut pas ce crime. Iseut fit venir deux serfs, leur promit la franchise[10] et soixante besants[11] d'or, s'ils juraient de faire sa volonté. Ils firent le serment.

« Je vous donnerai donc, dit-elle, une jeune fille ; vous l'emmènerez dans la forêt, loin ou près, mais en tel lieu que nul ne découvre jamais l'aventure : là, vous la tuerez et me rapporterez sa langue. Retenez, pour me les répéter, les paroles qu'elle aura dites. Allez ; à votre retour, vous serez des hommes affranchis et riches. »

? À votre Avis

Iseut veut la mort de Brangien car elle craint :

- ❑ de trop s'attacher à elle.
- ❑ de perdre l'amour du roi Marc.
- ❑ d'être dénoncée par elle.

1. Région de la Grèce du Nord.
2. Couvertures.
3. Brodés.
4. Petits aigles.
5. Perroquets.
6. Autant qu'il lui plaît.
7. Personnes de la proche famille.
8. Son pouvoir.
9. Traîtrise.
10. Liberté.
11. Monnaie orientale en usage à l'époque des croisades.

Puis elle appela Brangien :

« Amie, tu vois comme mon corps languit et souffre ; n'iras-tu pas chercher dans la forêt les plantes qui conviennent à ce mal ? Deux serfs sont là, qui te conduiront ; ils savent où croissent[12] les herbes efficaces. Suis-les donc ; sœur, sache-le bien, si je t'envoie à la forêt, c'est qu'il y va de mon repos et de ma vie ! »

Les serfs l'emmenèrent. Venue au bois, elle voulut s'arrêter, car les plantes salutaires[13] croissaient autour d'elle en suffisance. Mais ils l'entraînèrent plus loin :

« Viens, jeune fille, ce n'est pas ici le lieu convenable. »

L'un des serfs marchait devant elle, son compagnon la suivait. Plus de sentier frayé[14], mais des ronces, des épines et des chardons emmêlés. Alors l'homme qui marchait le premier tira son épée et se retourna ; elle se rejeta vers l'autre serf pour lui demander aide ; il tenait aussi l'épée nue à son poing et dit :

« Jeune fille, il nous faut te tuer. »

Brangien tomba sur l'herbe et ses bras tentaient d'écarter la pointe des épées. Elle demandait merci[15] d'une voix si pitoyable et si tendre, qu'ils dirent :

« Jeune fille, si la reine Iseut, ta dame et la nôtre, veut que tu meures, sans doute lui as-tu fait quelque grand tort. »

Elle répondit :

« Je ne sais, amis ; je ne me souviens que d'un seul méfait. Quand nous partîmes d'Irlande, nous emportions chacune, comme la plus chère des parures, une chemise blanche comme la neige, une chemise pour notre nuit de noces. Sur la mer, il advint qu'Iseut déchira sa chemise

12. Poussent.
13. Médicinales.
14. Tracé.
15. Pitié.

nuptiale, et pour la nuit de ses noces je lui ai prêté la mienne. Amis, voilà tout le tort que je lui ai fait. Mais puisqu'elle veut que je meure, dites-lui que je lui mande[1] salut et amour, et que je la remercie de tout ce qu'elle m'a fait de bien et d'honneur, depuis qu'enfant, ravie[2] par des pirates, j'ai été vendue à sa mère et vouée à la servir. Que Dieu, dans sa bonté, garde son honneur, son corps, sa vie ! Frères, frappez maintenant ! »

Les serfs eurent pitié. Ils tinrent conseil et, jugeant que peut-être un tel méfait ne valait point la mort, ils la lièrent[3] à un arbre.

Puis ils tuèrent un jeune chien : l'un d'eux lui coupa la langue, la serra[4] dans un pan de sa gonelle[5], et tous deux reparurent ainsi devant Iseut.

« A-t-elle parlé ? demanda-t-elle, anxieuse.

– Oui, reine, elle a parlé. Elle a dit que vous étiez irritée à cause d'un seul tort : vous aviez déchiré sur la mer une chemise blanche comme neige que vous apportiez d'Irlande, elle vous a prêté la sienne au soir de vos noces. C'était là, disait-elle, son seul crime. Elle vous a rendu grâces pour tant de bienfaits reçus de vous dès l'enfance, elle a prié Dieu de protéger votre honneur et votre vie. Elle vous mande salut et amour. Reine, voici sa langue que nous vous apportons.

– Meurtriers ! cria Iseut, rendez-moi Brangien, ma chère servante ! Ne saviez-vous pas qu'elle était ma seule amie ? Meurtriers, rendez-la-moi !

– Reine, on dit justement : "Femme change en peu d'heures ; au même temps, femme rit, pleure, aime, hait." Nous l'avons tuée, puisque vous l'avez commandé !

1. Envoie.
2. Enlevée.
3. L'attachèrent.
4. Rangea.
5. Tunique.

– Comment l'aurais-je commandé ? Pour quel méfait ? N'était-ce pas ma chère compagne, la douce, la fidèle, la belle ? Vous le saviez, meurtriers : je l'avais envoyée chercher des herbes salutaires, et je vous l'ai confiée pour que vous la protégiez sur la route. Mais je dirai que vous l'avez tuée, et vous serez brûlés sur des charbons.

– Reine, sachez donc qu'elle vit et que nous vous la ramènerons saine et sauve. »

Mais elle ne les croyait pas et, comme égarée, tour à tour maudissait les meurtriers et se maudissait elle-même. Elle retint l'un des serfs auprès d'elle, tandis que l'autre se hâtait vers l'arbre où Brangien était attachée.

« Belle, Dieu vous a fait merci[6], et voilà que votre dame vous rappelle ! »

Quand elle parut devant Iseut, Brangien s'agenouilla, lui demandant de lui pardonner ses torts ; mais la reine était aussi tombée à genoux devant elle, et toutes deux, embrassées, se pâmèrent[7] longuement.

6. Vous a prise en pitié.
7. Pleurèrent.

VI – Le grand pin

Ce n'est pas Brangien la fidèle, c'est eux-mêmes que les amants doivent redouter. Mais comment leurs cœurs enivrés seraient-ils vigilants ? L'amour les presse, comme la soif précipite vers la rivière le cerf sur ses fins ; ou tel encore, après un long jeûne, l'épervier soudain lâché fond sur la proie. Hélas ! amour ne se peut celer[1]. Certes, par la prudence de Brangien, nul ne surprit la reine entre les bras de son ami ; mais, à toute heure, en tout lieu, chacun ne voit-il pas comment le désir les agite, les étreint, déborde de tous leurs sens ainsi que le vin nouveau ruisselle de la cuve ?

Déjà, les quatre félons de la cour, qui haïssaient Tristan pour sa prouesse, rôdent autour de la reine. Déjà, ils connaissent la vérité de ses belles amours. Ils brûlent de convoitise, de haine et de joie. Ils porteront au roi la nouvelle : ils verront la tendresse se muer[2] en fureur, Tristan chassé ou livré à la mort, et le tourment de la reine. Ils craignaient pourtant la colère de Tristan ; mais, enfin, leur haine dompta leur terreur[3] ; un jour, les quatre barons appelèrent le roi Marc à parlement[4], et Andret lui dit :

« Beau roi, sans doute ton cœur s'irritera, et tous quatre nous en avons grand deuil ; mais nous devons te révéler ce que nous avons surpris. Tu as placé ton cœur en Tristan, et Tristan veut te honnir[5]. Vainement nous t'avions averti ; pour l'amour d'un seul homme, tu fais fi de[6] ta parenté et de ta baronnie entière, et tu nous délaisses tous. Sache donc que Tristan aime la reine : c'est la vérité prouvée, et déjà l'on en dit mainte parole[7]. »

1. Cacher.
2. Se changer.
3. Leur haine l'emporta sur leur terreur.
4. Demandèrent au roi un entretien.
5. Te déshonorer.
6. Dédaigne.
7. On en parle beaucoup.

Le noble roi chancela et répondit :

« Lâche ! Quelle félonie as-tu pensée ! Certes, j'ai placé mon cœur en Tristan. Au jour où le Morholt vous offrit la bataille, vous baissiez tous la tête, tremblants et pareils à des muets ; mais Tristan l'affronta pour l'honneur de cette terre, et par chacune de ses blessures son âme aurait pu s'envoler. C'est pourquoi vous le haïssez, et c'est pourquoi je l'aime, plus que toi, Andret, plus que vous tous, plus que personne. Mais que prétendez-vous avoir découvert ? Qu'avez-vous vu ? Qu'avez-vous entendu ?

– Rien, en vérité, seigneur, rien que tes yeux ne puissent voir, rien que tes oreilles ne puissent entendre. Regarde, écoute, beau sire ; peut-être il en est temps encore. »

Et, s'étant retirés, ils le laissèrent à loisir[8] savourer le poison.

Le roi Marc ne put secouer le maléfice. À son tour, contre son cœur, il épia son neveu, il épia la reine. Mais Brangien s'en aperçut, les avertit, et vainement le roi tenta d'éprouver Iseut par des ruses. Il s'indigna bientôt de ce vil combat, et, comprenant qu'il ne pourrait plus chasser le soupçon, il manda Tristan et lui dit :

« Tristan, éloigne-toi de ce château ; et, quand tu l'auras quitté, ne sois plus si hardi que d'en franchir les fossés ni les lices[9]. Des félons t'accusent d'une grande traîtrise. Ne m'interroge pas : je ne saurais rapporter leurs propos sans nous honnir tous les deux. Ne cherche pas des paroles qui m'apaisent : je le sens, elles resteraient vaines[10]. Pourtant, je ne crois pas les félons : si je les croyais, ne t'aurais-je pas déjà jeté à la mort honteuse ? Mais leurs discours maléfiques ont troublé mon cœur, et

8. Autant qu'il voulait.

9. Dans les fortifications du Moyen Âge, espace libre entre les fortifications intérieures et extérieures.

10. Inutiles.

seul ton départ le calmera. Pars ; sans doute je te rappellerai bientôt ; pars, mon fils toujours cher ! »

Quand les félons ouïrent la nouvelle :

« Il est parti, dirent-ils entre eux, il est parti, l'enchanteur, chassé comme un larron[1] ! Que peut-il devenir désormais ? Sans doute il passera la mer pour chercher les aventures et porter son service déloyal à quelque roi lointain ! »

Non, Tristan n'eut pas la force de partir ; et quand il eut franchi les lices et les fossés du château, il connut[2] qu'il ne pourrait s'éloigner davantage ; il s'arrêta dans le bourg même de Tintagel, prit hôtel[3] avec Gorvenal dans la maison d'un bourgeois, et languit, torturé par la fièvre, plus blessé que naguère, aux jours où l'épieu du Morholt avait empoisonné son corps. Naguère, quand il gisait dans la cabane construite au bord des flots et que tous fuyaient la puanteur de ses plaies, trois hommes pourtant l'assistaient : Gorvenal, Dinas de Lidan et le roi Marc. Maintenant, Gorvenal et Dinas se tenaient encore à son chevet ; mais le roi Marc ne venait plus, et Tristan gémissait :

« Certes, bel oncle, mon corps répand maintenant l'odeur d'un venin plus repoussant, et votre amour ne sait plus surmonter votre horreur. »

Mais, sans relâche, dans l'ardeur de la fièvre, le désir l'entraînait, comme un cheval emporté, vers les tours bien closes qui tenaient la reine enfermée ; cheval et cavalier se brisaient contre les murs de pierre ; mais cheval et cavalier se relevaient et reprenaient sans cesse la même chevauchée.

1. Voleur.
2. Comprit.
3. Prit pension.

Derrière les tours bien closes, Iseut la Blonde languit aussi, plus malheureuse encore : car, parmi ces étrangers qui l'épient, il lui faut tout le jour feindre la joie[4] et rire ; et, la nuit, étendue aux côtés du roi Marc, il lui faut dompter, immobile, l'agitation de ses membres et les tressauts[5] de la fièvre. Elle veut fuir vers Tristan. Il lui semble qu'elle se lève et qu'elle court jusqu'à la porte ; mais, sur le seuil obscur, les félons ont tendu de grandes faulx[6] : les lames affilées et méchantes saisissent au passage ses genoux délicats. Il lui semble qu'elle tombe et que, de ses genoux tranchés, s'élancent deux rouges fontaines.

Bientôt les amants mourront, si nul ne les secourt. Et qui donc les secourra, sinon Brangien ? Au péril de sa vie, elle s'est glissée vers la maison où Tristan languit. Gorvenal lui ouvre tout joyeux, et, pour sauver les amants, elle enseigne une ruse à Tristan.

Non, jamais, seigneurs, vous n'aurez ouï parler d'une plus belle ruse d'amour.

Derrière le château de Tintagel, un verger s'étendait, vaste et clos de fortes palissades. De beaux arbres y croissaient[7] sans nombre, chargés de fruits, d'oiseaux et de grappes odorantes. Au lieu le plus éloigné du château, tout auprès des pieux de la palissade, un pin s'élevait, haut et droit, dont le tronc robuste soutenait une large ramure[8]. À son pied, une source vive : l'eau s'épandait[9] d'abord en une large nappe, claire et calme, enclose[10] par un perron de marbre ; puis, contenue entre deux rives resserrées, elle courait par le verger et, pénétrant dans l'intérieur même du château, traversait les chambres des

4. Faire semblant d'être joyeuse.
5. Tremblements.
6. Lames coupantes qui servent à couper l'herbe.
7. Poussaient.
8. Ensemble des branches d'un arbre.
9. S'étalait.
10. Fermée.

femmes. Or, chaque soir, Tristan, par le conseil de Brangien, taillait avec art des morceaux d'écorce et de menus branchages. Il franchissait les pieux aigus, et, venu sous le pin, jetait les copeaux dans la fontaine. Légers comme l'écume, ils surnageaient et coulaient avec elle, et, dans les chambres des femmes, Iseut épiait leur venue. Aussitôt, les soirs où Brangien avait su écarter le roi Marc et les félons, elle s'en venait vers son ami.

Elle s'en vient, agile et craintive pourtant, guettant à chacun de ses pas si des félons se sont embusqués derrière les arbres. Mais, dès que Tristan l'a vue, les bras ouverts, il s'élance vers elle. Alors la nuit les protège et l'ombre amie du grand pin.

« Tristan, dit la reine, les gens de mer n'assurent-ils pas que ce château de Tintagel est enchanté et que, par sortilège, deux fois l'an, en hiver et en été, il se perd et disparaît aux yeux ? Il s'est perdu maintenant. N'est-ce pas ici le verger merveilleux dont parlent les lais de harpe : une muraille d'air l'enclôt de toutes parts ; des arbres fleuris, un sol embaumé ; le héros y vit sans vieillir entre les bras de son amie et nulle force ennemie ne peut briser la muraille d'air ? »

Déjà, sur les tours de Tintagel, retentissent les trompes des guetteurs qui annoncent l'aube.

« Non, dit Tristan, la muraille d'air est déjà brisée, et ce n'est pas ici le verger merveilleux. Mais, un jour, amie, nous irons ensemble au Pays Fortuné dont nul ne retourne. Là s'élève un château de marbre blanc ; à chacune de ses mille fenêtres brille un cierge allumé ; à chacune, un jongleur joue et chante une mélodie sans fin ; le soleil n'y brille pas, et pourtant nul ne regrette sa lumière : c'est l'heureux pays des vivants. »

Mais, au sommet des tours de Tintagel, l'aube éclaire les grands blocs alternés de sinople[1] et d'azur.

Iseut a recouvré la joie : le soupçon de Marc se dissipe et les félons comprennent, au contraire, que Tristan a revu la reine. Mais Brangien fait si bonne garde qu'ils épient vainement. Enfin, le duc Andret, que Dieu honnisse ! dit à ses compagnons :

« Seigneurs, prenons conseil de Frocin, le nain bossu. Il connaît les sept arts, la magie et toutes manières d'enchantements. Il sait, à la naissance d'un enfant, observer si bien les sept planètes et le cours des étoiles, qu'il conte par avance tous les points de sa vie. Il découvre, par la puissance de Bugibus et de Noiron[2], les choses secrètes. Il nous enseignera, s'il veut, les ruses d'Iseut la Blonde. »

En haine de beauté et de prouesse, le petit homme méchant traça les caractères de sorcellerie, jeta ses charmes[3] et ses sorts, considéra le cours d'Orion[4] et de Lucifer[5], et dit : « Vivez en joie, beaux seigneurs ; cette nuit vous pourrez les saisir. »

Ils le menèrent devant le roi.

« Sire, dit le sorcier, mandez à vos veneurs[6] qu'ils mettent la laisse aux limiers[7] et la selle aux chevaux ; annoncez que sept jours et sept nuits vous vivrez dans la forêt, pour conduire votre chasse, et vous me pendrez aux fourches si vous n'entendez pas, cette nuit même, quel discours Tristan tient à la reine. »

? À votre Avis

Comment le nain Frocin sait-il que Tristan et Iseut sont amants ?

- ❑ en les épiant.
- ❑ en regardant les astres.
- ❑ en faisant parler Brangien.

1. Rouge.
2. Noms donnés au diable.
3. Pouvoirs magiques.
4. Constellation.
5. Planète Vénus.
6. Personnes qui mènent la chasse.
7. Chiens de chasse.

Le roi fit ainsi, contre son cœur. La nuit tombée, il laissa ses veneurs dans la forêt, prit le nain en croupe[1], et retourna vers Tintagel. Par une entrée qu'il savait, il pénétra dans le verger, et le nain le conduisit sous le grand pin.

« Beau roi, il convient que vous montiez dans les branches de cet arbre. Portez là-haut votre arc et vos flèches : ils vous serviront peut-être. Et tenez-vous coi[2] : vous n'attendrez pas longuement.

– Va-t'en, chien de l'Ennemi ! » répondit Marc.

Et le nain s'en alla, emmenant le cheval. Il avait dit vrai : le roi n'attendit pas longuement. Cette nuit, la lune brillait, claire et belle. Caché dans la ramure, le roi vit son neveu bondir par-dessus les pieux aigus. Tristan vint sous l'arbre et jeta dans l'eau les copeaux et les branchages. Mais, comme il s'était penché sur la fontaine en les jetant, il vit, réfléchie dans l'eau, l'image du roi. Ah ! s'il pouvait arrêter les copeaux qui fuient ! Mais non, ils courent, rapides, par le verger. Là-bas, dans les chambres des femmes, Iseut épie leur venue ; déjà, sans doute, elle les voit, elle accourt. Que Dieu protège les amants !

Elle vient. Assis, immobile, Tristan la regarde, et, dans l'arbre, il entend le crissement de la flèche, qui s'encoche dans la corde de l'arc.

Elle vient, agile et prudente pourtant, comme elle avait coutume. « Qu'est-ce donc ? pense-t-elle. Pourquoi Tristan n'accourt-il pas ce soir à ma rencontre ? aurait-il vu quelque ennemi ? »

Elle s'arrête, fouille du regard les fourrés noirs ; soudain, à la clarté de la lune, elle aperçut à son tour

1. Le fit monter sur son cheval.
2. Immobile et silencieux.

l'ombre du roi dans la fontaine. Elle montra bien la sagesse des femmes, en ce qu'elle ne leva point les yeux vers les branches de l'arbre :

« Seigneur Dieu ! dit-elle tout bas, accordez-moi seulement que je puisse parler la première ! »

Elle s'approche encore. Écoutez comme elle devance et prévient son ami :

« Sire Tristan, qu'avez-vous osé ? M'attirer en tel lieu, à telle heure ! Maintes fois déjà vous m'aviez mandée, pour me supplier, disiez-vous. Et par quelle prière ? Qu'attendez-vous de moi ? Je suis venue enfin, car je n'ai pu l'oublier, si je suis reine, je vous le dois. Me voici donc : que voulez-vous ?

– Reine, vous crier merci, afin que vous apaisiez le roi ! »

Elle tremble et pleure. Mais Tristan loue le Seigneur Dieu, qui a montré le péril[3] à son amie.

« Oui, reine, je vous ai mandée souvent et toujours en vain ; jamais, depuis que le roi m'a chassé, vous n'avez daigné venir à mon appel. Mais prenez en pitié le chétif[4] que voici ; le roi me hait, j'ignore pourquoi ; mais vous le savez peut-être ; et qui donc pourrait charmer[5] sa colère, sinon vous seule, reine franche, courtoise Iseut, en qui son cœur se fie[6] ?

– En vérité, sire Tristan, ignorez-vous encore qu'il nous soupçonne tous les deux ? Et de quelle traîtrise ! faut-il, par surcroît de honte, que ce soit moi qui vous l'apprenne ? Mon seigneur croit que je vous aime d'amour coupable. Dieu le sait pourtant, et, si je mens, qu'il honnisse[7] mon corps ! jamais je n'ai donné mon

3. Danger.
4. Misérable.
5. Apaiser.
6. A confiance.
7. Maudisse.

amour à nul homme, hormis[1] à celui qui le premier m'a prise, vierge, entre ses bras. Et vous voulez, Tristan, que j'implore du roi votre pardon ? Mais s'il savait seulement que je suis venue sous ce pin, demain il ferait jeter ma cendre aux vents ! »

Tristan gémit :

« Bel oncle, on dit : "Nul n'est vilain, s'il ne fait vilenie[2]." Mais en quel cœur a pu naître un tel soupçon ?

– Sire Tristan, que voulez-vous dire ? Non, le roi mon seigneur n'eût pas de lui-même imaginé telle vilenie. Mais les félons de cette terre lui ont fait accroire[3] ce mensonge, car il est facile de décevoir[4] les cœurs loyaux. Ils s'aiment, lui ont-ils dit, et les félons nous l'ont tourné à crime[5]. Oui, vous m'aimiez, Tristan ; pourquoi le nier ? ne suis-je pas la femme de votre oncle et ne vous avais-je pas deux fois sauvé de la mort ? Oui, je vous aimais en retour ; n'êtes-vous pas du lignage du roi, et n'ai-je pas ouï maintes fois ma mère répéter qu'une femme n'aime pas son seigneur tant qu'elle n'aime pas la parenté de son seigneur ? C'est pour l'amour du roi que je vous aimais, Tristan ; maintenant encore, s'il vous reçoit en grâce[6], j'en serai joyeuse. Mais mon corps tremble, j'ai grand'peur, je pars, j'ai trop demeuré[7] déjà. »

Dans la ramure, le roi eut pitié et sourit doucement. Iseut s'enfuit, Tristan la rappelle :

« Reine, au nom du Sauveur, venez à mon secours, par charité ! Les couards voulaient écarter du roi tous ceux qui l'aiment ; ils ont réussi et le raillent maintenant. Soit ; je m'en irai donc hors de ce pays, au loin, misérable, comme j'y vins jadis : mais, tout au moins, obtenez du roi

1. Sauf.
2. Nul n'est mauvais s'il n'a commis des méfaits.
3. Croire.
4. Tromper.
5. L'ont poussé à cette mauvaise action.
6. S'il vous pardonne.
7. Je suis restée trop longtemps.

qu'en reconnaissance des services passés, afin que je puisse sans honte chevaucher loin d'ici, il me donne du sien[8] assez pour acquitter mes dépenses, pour dégager[9] mon cheval et mes armes.

– Non, Tristan, vous n'auriez pas dû m'adresser cette requête. Je suis seule sur cette terre, seule en ce palais où nul ne m'aime, sans appui, à la merci du roi. Si je lui dis un seul mot pour vous, ne voyez-vous pas que je risque la mort honteuse ? Ami, que Dieu vous protège ! Le roi vous hait à grand tort ! Mais, en toute terre où vous irez, le Seigneur Dieu vous sera un ami vrai. »

Elle part et fuit jusqu'à sa chambre, où Brangien la prend, tremblante, entre ses bras. La reine lui dit l'aventure ; Brangien s'écrie :

« Iseut, ma dame, Dieu a fait pour vous un grand miracle ! Il est père compatissant et ne veut pas le mal de ceux qu'il sait innocents. »

Sous le grand pin, Tristan, appuyé contre le perron de marbre, se lamentait :

« Que Dieu me prenne en pitié et répare la grande injustice que je souffre de mon cher seigneur ! »

Quand il eut franchi la palissade du verger, le roi dit en souriant :

« Beau neveu, bénie soit cette heure ! Vois la lointaine chevauchée que tu préparais ce matin, elle est déjà finie ! »

Là-bas, dans une clairière de la forêt, le nain Frocin interrogeait le cours des étoiles. Il y lut que le roi le menaçait de mort ; il noircit de peur et de honte, enfla de rage, et s'enfuit prestement[10] vers la terre de Galles.

8. De son bien.
9. Finir de payer.
10. Rapidement.

VII – Le nain Frocin

Le roi Marc a fait sa paix avec Tristan. Il lui a donné congé[1] de revenir au château, et, comme naguère, Tristan couche dans la chambre du roi, parmi les privés et les fidèles. À son gré, il y peut entrer, il en peut sortir : le roi n'en a plus souci. Mais qui donc peut longtemps tenir ses amours secrètes ? Hélas ! amour ne se peut celer[2] !

Marc avait pardonné aux félons, et comme le sénéchal Dinas de Lidan avait un jour trouvé dans une forêt lointaine, errant et misérable, le nain bossu, il le ramena au roi, qui eut pitié et lui pardonna son méfait.

Mais sa bonté ne fit qu'exciter la haine des barons ; ayant de nouveau surpris Tristan et la reine, ils se lièrent par ce serment : si le roi ne chassait pas son neveu hors du pays, ils se retireraient dans leurs forts châteaux pour le guerroyer[3]. Ils appelèrent le roi à parlement :

« Seigneur, aime-nous, hais-nous, à ton choix : mais nous voulons que tu chasses Tristan. Il aime la reine, et le voit qui veut ; mais nous, nous ne le souffrirons plus[4]. »

Le roi les entend, soupire, baisse le front vers la terre, se tait.

« Non, roi, nous ne le souffrirons plus, car nous savons maintenant que cette nouvelle, naguère étrange, n'est plus pour te surprendre et que tu consens à leur crime. Que feras-tu ? Délibère et prends conseil. Pour nous, si tu n'éloignes pas ton neveu sans retour, nous nous retirerons sur nos baronnies et nous entraînerons aussi nos voisins hors de ta cour, car nous ne pouvons

1. L'a laissé libre.
2. Cacher.
3. Lui faire la guerre.
4. Nous ne le supporterons plus.

supporter qu'ils y demeurent. Tel est le choix que nous t'offrons ; choisis donc !

– Seigneurs, une fois j'ai cru aux laides paroles que vous disiez de Tristan, et je m'en suis repenti. Mais vous êtes mes féaux[5], et je ne veux pas perdre le service de mes hommes. Conseillez-moi donc, je vous en requiers[6], vous qui me devez le conseil. Vous savez bien que je fuis tout orgueil et toute démesure.

– Donc, seigneur, mandez ici le nain Frocin. Vous vous défiez de lui, pour l'aventure du verger. Pourtant, n'avait-il pas lu dans les étoiles que la reine viendrait ce soir-là sous le pin ? Il sait maintes choses ; prenez son conseil. »

Il accourut, le bossu maudit, et Denoalen l'accola[7]. Écoutez quelle trahison il enseigna au roi :

« Sire, commande à ton neveu que demain, dès l'aube, au galop, il chevauche vers Carduel pour porter au roi Artur un bref[8] sur parchemin, bien scellé de cire. Roi, Tristan couche près de ton lit. Sors de ta chambre à l'heure du premier sommeil, et, je te le jure par Dieu et par la loi de Rome[9], s'il aime Iseut de fol amour, il voudra venir lui parler avant son départ : mais, s'il y vient sans que je le sache et sans que tu le voies, alors tue-moi. Pour le reste, laisse-moi mener l'aventure à ma guise et garde-toi seulement de parler à Tristan de ce message avant l'heure du coucher.

– Oui, répondit Marc, qu'il en soit fait ainsi ! »

Alors le nain fit une laide félonie. Il entra chez un boulanger et lui prit pour quatre deniers[10] de fleur de farine qu'il cacha dans le giron de sa robe[11]. Ah ! qui se fût jamais avisé de telle traîtrise ? La nuit venue, quand

5. Fidèles serviteurs.
6. Je vous le demande.
7. L'embrassa en le serrant dans ses bras.
8. Court message.
9. Ensemble des règles morales édictées par l'Église.
10. Monnaie française datant des Carolingiens.
11. Sous sa robe.

le roi eut pris son repas et que ses hommes furent endormis par la vaste salle voisine de sa chambre, Tristan s'en vint, comme il avait coutume, au coucher du roi Marc.

« Beau neveu, faites ma volonté : vous chevaucherez vers le roi Artur jusqu'à Carduel, et vous lui ferez déplier[1] ce bref. Saluez-le de ma part et ne séjournez qu'un jour auprès de lui.

– Roi, je le porterai demain.

– Oui, demain, avant que le jour se lève. »

Voilà Tristan en grand émoi. De son lit au lit de Marc il y avait bien la longueur d'une lance. Un désir furieux le prit de parler à la reine, et il se promit en son cœur que, vers l'aube, si Marc dormait, il se rapprocherait d'elle. Ah ! Dieu ! la folle pensée ! Le nain couchait, comme il en avait coutume, dans la chambre du roi. Quand il crut que tous dormaient, il se leva et répandit entre le lit de Tristan et celui de la reine la fleur de farine : si l'un des deux amants allait rejoindre l'autre, la farine garderait la forme de ses pas. Mais, comme il l'éparpillait, Tristan, qui restait éveillé, le vit :

« Qu'est-ce à dire ? Ce nain n'a pas coutume de me servir pour mon bien ; mais il sera déçu : bien fou qui lui laisserait prendre l'empreinte de ses pas ! »

À la mi-nuit, le roi se leva et sortit, suivi du nain bossu. Il faisait noir dans la chambre : ni cierge allumé, ni lampe. Tristan se dressa debout sur son lit. Dieu ! pourquoi eut-il cette pensée ? Il joint les pieds, estime la distance, bondit et retombe sur le lit du roi. Hélas ! la veille, dans la forêt, le boutoir[2] d'un grand sanglier l'avait navré[3] à la jambe, et, pour son malheur, la blessure n'était point bandée[4].

1. Lire.
2. Groin et canines du sanglier.
3. Blessé.
4. Protégée par un bandage.

Dans l'effort de ce bond, elle s'ouvre, saigne ; mais Tristan ne voit pas le sang qui fuit et rougit les draps. Et dehors, à la lune, le nain, par son art de sortilège, connut que les amants étaient réunis. Il en trembla de joie et dit au roi :

« Va, et maintenant, si tu ne les surprends pas ensemble, fais-moi pendre ! »

Ils viennent donc vers la chambre, le roi, le nain et les quatre félons. Mais Tristan les a entendus : il se relève, s'élance, atteint son lit… Hélas ! au passage, le sang a malement[5] coulé de la blessure sur la farine.

Voici le roi, les barons, et le nain qui porte une lumière. Tristan et Iseut feignaient de dormir ; ils étaient restés seuls dans la chambre avec Perinis, qui couchait aux pieds de Tristan et ne bougeait pas. Mais le roi voit sur le lit les draps tout vermeils et, sur le sol, la fleur de farine trempée de sang frais.

Alors les quatre barons, qui haïssaient Tristan pour sa prouesse, le maintiennent sur son lit, et menacent la reine et la raillent, la narguent et lui promettent bonne justice. Ils découvrent la blessure qui saigne :

« Tristan, dit le roi, nul démenti ne vaudrait[6] désormais ; vous mourrez demain. »

Il lui crie :

« Accordez-moi merci, seigneur ! Au nom du Dieu qui souffrit la Passion, seigneur, pitié pour nous !

– Seigneur, venge-toi ! répondent les félons.

– Bel oncle, ce n'est pas pour moi que je vous implore ; que m'importe de mourir ? Certes, n'était la crainte de vous courroucer[7], je vendrais cher[8] cet affront aux couards qui, sans votre sauvegarde, n'auraient pas osé toucher

5. Malheureusement.
6. Vous ne pouvez pas nier.
7. Mettre en colère.
8. Je ferais payer cher.

mon corps de leurs mains ; mais, par respect et pour l'amour de vous, je me livre à votre merci ; faites de moi selon votre plaisir[1]. Me voici, seigneur, mais pitié pour la reine ! »

Et Tristan s'incline et s'humilie à ses pieds.

« Pitié pour la reine, car s'il est un homme en ta maison assez hardi pour soutenir ce mensonge que je l'ai aimée d'amour coupable, il me trouvera debout devant lui en champ clos[2]. Sire, grâce pour elle, au nom du Seigneur Dieu ! »

Mais les trois barons l'ont lié de cordes, lui et la reine. Ah ! s'il avait su qu'il ne serait pas admis à prouver son innocence en combat singulier, on l'eût démembré vif avant qu'il eût souffert d'être lié vilement[3].

Mais il se fiait en Dieu et savait qu'en champ clos nul n'oserait brandir une arme contre lui. Et, certes, il se fiait justement en Dieu. Quand il jurait qu'il n'avait jamais aimé la reine d'amour coupable, les félons riaient de l'insolente imposture. Mais je vous appelle, seigneurs, vous qui savez la vérité du philtre bu sur la mer et qui comprenez, disait-il mensonge ? Ce n'est pas le fait qui prouve le crime, mais le jugement. Les hommes voient le fait, mais Dieu voit les cœurs, et, seul, il est vrai juge. Il a donc institué que tout homme accusé pourrait soutenir son droit par bataille, et lui-même combat avec l'innocent. C'est pourquoi Tristan réclamait justice et bataille et se garda de manquer en rien au roi Marc. Mais, s'il avait pu prévoir ce qui advint, il aurait tué les félons. Ah ! Dieu ! pourquoi ne les tua-t-il pas ?

Le duel judiciaire

Le duel judiciaire est une des trois formes du jugement de Dieu, la première étant le serment purgatoire, la deuxième l'ordalie (*cf.* p. 105). L'accusé demande à être lavé de l'accusation s'il sort vainqueur d'un duel dont l'issue devient le jugement du procès et est censée correspondre à la volonté divine. ■

1. Faites de moi ce qu'il vous plaira.
2. Lieu pour les combats entre deux chevaliers.
3. Honteusement.

VIII – Le saut de la chapelle

Par la cité, dans la nuit noire, la nouvelle court : Tristan et la reine ont été saisis ; le roi veut les tuer. Riches bourgeois et petites gens, tous pleurent.

« Hélas ! Nous devons bien pleurer ! Tristan, hardi baron, mourrez-vous donc par si laide traîtrise ? Et vous, reine franche, reine honorée, en quelle terre naîtra jamais fille de roi si belle, si chère ? C'est donc là, nain bossu, l'œuvre de tes devinailles[4] ? Qu'il ne voie jamais la face de Dieu, celui qui, t'ayant trouvé, n'enfoncera pas son épieu dans ton corps ! Tristan, bel ami cher, quand le Morholt, venu pour ravir nos enfants, prit terre[5] sur ce rivage, nul de nos barons n'osa armer contre lui, et tous se taisaient, pareils à des muets. Mais vous, Tristan, vous avez fait le combat pour nous tous, hommes de Cornouailles, et vous avez tué le Morholt ; et lui vous navra[6] d'un épieu dont vous avez manqué mourir pour nous. Aujourd'hui, en souvenir de ces choses, devrions-nous consentir à votre mort ? »

Les plaintes, les cris montent par la cité, tous courent au palais. Mais tel est le courroux du roi qu'il n'y a ni si fort ni si fier baron qui ose risquer une seule parole pour le fléchir.

Le jour approche, la nuit s'en va. Avant le soleil levé, Marc chevauche hors de la ville, au lieu où il avait coutume de tenir ses plaids[7] et de juger. Il commande qu'on creuse une fosse en terre et qu'on y amasse des sarments[8] noueux et tranchants et des épines blanches et noires, arrachées avec leurs racines.

4. Prédictions.
5. Débarqua.
6. Blessa.
7. Procès.
8. Rameaux de vigne.

À l'heure de prime[1], il fait crier un ban[2] par le pays pour convoquer aussitôt les hommes de Cornouailles. Ils s'assemblent à grand bruit ; nul qui ne pleure, hormis le nain de Tintagel. Alors le roi leur parla ainsi :

« Seigneurs, j'ai fait dresser ce bûcher d'épines pour Tristan et pour la reine, car ils ont forfait[3]. »

Mais tous lui crièrent :

« Jugement, roi ! le jugement d'abord, l'escondit[4] et le plaid ! Les tuer sans jugement, c'est honte et crime. Roi, répit[5] et merci[6] pour eux ! »

Marc répondit en sa colère :

« Non, ni répit, ni merci, ni plaid, ni jugement ! Par ce Seigneur qui créa le monde, si nul m'ose encore requérir[7] de telle chose il brûlera le premier sur ce brasier ! »

Il ordonne qu'on allume le feu et qu'on aille quérir au château Tristan d'abord. Les épines flambent, tous se taisent, le roi attend.

Les valets ont couru jusqu'à la chambre où les amants sont étroitement gardés. Ils entraînent Tristan par ses mains liées de cordes. Par Dieu ! ce fut vilenie de l'entraver[8] ainsi ! Il pleure sous l'affront ; mais de quoi lui servent les larmes ? On l'emmène honteusement ; et la reine s'écrie, presque folle d'angoisse :

« Être tuée, ami, pour que vous soyez sauvé, ce serait grande joie ! »

Les gardes et Tristan descendent hors de la ville, vers le bûcher. Mais, derrière eux, un cavalier se précipite, les rejoint, saute à bas du destrier encore courant : c'est Dinas, le bon sénéchal. Au bruit de l'aventure, il s'en

1. Six heures du matin.
2. Une proclamation publique du souverain.
3. Trahi.
4. Aveu de culpabilité.
5. Délai.
6. Pitié.
7. Nul ose encore me demander.
8. Le lier.

venait de son château de Lidan, et l'écume, la sueur et le sang ruisselaient aux flancs de son cheval :

« Fils, je me hâte vers le plaid du roi. Dieu m'accordera peut-être d'y ouvrir tel conseil[9] qui vous aidera tous deux ; déjà il me permet du moins de te servir par une menue courtoisie. Amis, dit-il aux valets, je veux que vous le meniez sans ces entraves, – et Dinas trancha les cordes honteuses ; s'il essayait de fuir, ne tenez-vous pas vos épées ? »

Il baise Tristan sur les lèvres, remonte en selle, et son cheval l'emporte.

Or, écoutez comme le Seigneur Dieu est plein de pitié. Lui qui ne veut pas la mort du pécheur, il reçut en gré[10] les larmes et la clameur des pauvres gens qui le suppliaient pour les amants torturés. Près de la route où Tristan passait, au faîte[11] d'un roc et tournée vers la bise, une chapelle se dressait sur la mer.

Le mur du chevet[12] était posé au ras d'une falaise, haute, pierreuse, aux escarpements[13] aigus ; dans l'abside[14], sur le précipice, était une verrière, œuvre habile d'un saint. Tristan dit à ceux qui le menaient :

« Seigneurs, voyez cette chapelle ; permettez que j'y entre. Ma mort est prochaine, je prierai Dieu qu'il ait merci de moi, qui l'ai tant offensé. Seigneurs, la chapelle n'a d'autre issue que celle-ci ; chacun de vous tient son épée ; vous savez bien que je ne puis passer que par cette porte, et quand j'aurai prié Dieu, il faudra bien que je me remette entre vos mains ! »

L'un des gardes dit :

« Nous pouvons bien le lui permettre. »

9. De donner un conseil.
10. Il accueillit favorablement.
11. Au sommet.
12. Partie du chœur d'une église.
13. Versants abrupts.
14. Extrémité du chœur.

Ils le laissèrent entrer. Il court par la chapelle, franchit le chœur, parvient à la verrière de l'abside, saisit la fenêtre, l'ouvre et s'élance... Plutôt cette chute que la mort sur le bûcher, devant telle assemblée !

Mais sachez, seigneurs, que Dieu lui fit belle merci : le vent se prend en ses vêtements, le soulève, le dépose sur une large pierre au pied du rocher. Les gens de Cornouailles appellent encore cette pierre le « Saut de Tristan ».

Et devant l'église les autres l'attendaient toujours. Mais pour néant[1], car c'est Dieu maintenant qui l'a pris en sa garde. Il fuit : le sable meuble[2] croule sous ses pas. Il tombe, se retourne, voit au loin le bûcher : la flamme bruit, la fumée monte. Il fuit.

L'épée ceinte, à bride abattue, Gorvenal s'était échappé de la cité : le roi l'aurait fait brûler en place de son seigneur. Il rejoignit Tristan sur la lande, et Tristan s'écria :

« Maître, Dieu m'a accordé sa merci. Ah ! chétif, à quoi bon ? Si je n'ai Iseut, rien ne me vaut[3]. Que ne me suis-je plutôt brisé dans ma chute ! J'ai échappé, Iseut, et l'on va te tuer. On la brûle pour moi ; pour elle je mourrai aussi. »

Gorvenal lui dit :

« Beau sire, prenez réconfort, n'écoutez pas la colère. Voyez ce buisson épais, enclos d'un large fossé ; cachons-nous là : les gens passent nombreux sur cette route ; ils nous renseigneront, et, si l'on brûle Iseut, fils, je jure par Dieu, le fils de Marie, de ne jamais coucher sous un toit jusqu'au jour où nous l'aurons vengée.

– Beau maître, je n'ai pas mon épée.

– La voici, je te l'ai apportée.

1. Rien.
2. Sec et friable.
3. Plus rien n'a de valeur pour moi.

– Bien, maître ; je ne crains plus rien, fors Dieu[4].

– Fils, j'ai encore sous ma gonelle[5] telle chose qui te réjouira : ce haubert[6] solide et léger, qui pourra te servir.

– Donne, beau maître. Par ce Dieu en qui je crois, je vais maintenant délivrer mon amie.

– Non, ne te hâte point, dit Gorvenal. Dieu sans doute te réserve quelque plus sûre vengeance. Songe qu'il est hors de ton pouvoir d'approcher du bûcher ; les bourgeois l'entourent et craignent le roi ; tel voudrait bien ta délivrance, qui, le premier, te frappera. Fils, on dit bien : "Folie n'est pas prouesse"… Attends… »

Or, quand Tristan s'était précipité de la falaise, un pauvre homme de la gent menue[7] l'avait vu se relever et fuir. Il avait couru vers Tintagel et s'était glissé jusqu'en la chambre d'Iseut :

« Reine, ne pleurez plus. Votre ami s'est échappé !

– Dieu, dit-elle, en soit remercié ! Maintenant, qu'ils me lient ou me délient, qu'ils m'épargnent ou qu'ils me tuent, je n'en ai plus souci ! »

Or, les félons avaient si cruellement serré les cordes de ses poignets que le sang jaillissait. Mais, souriante, elle dit :

« Si je pleurais pour cette souffrance, alors qu'en sa bonté Dieu vient d'arracher mon ami à ces félons, certes, je ne vaudrais guère ! »

Quand la nouvelle parvint au roi que Tristan s'était échappé par la verrière, il blêmit de courroux et commanda à ses hommes de lui amener Iseut.

On l'entraîne ; hors de la salle, sur le seuil, elle apparaît ; elle tend ses mains délicates, d'où le sang coule. Une clameur monte par la rue : « O Dieu, pitié pour elle !

4. Excepté Dieu.
5. Tunique.
6. Chemise à capuche en mailles de métal qui arrive à mi-jambes et protège la poitrine et la tête.
7. Du peuple.

Reine franche, reine honorée, quel deuil ont jeté sur cette terre ceux qui vous ont livrée ! Malédiction sur eux ! »

La reine est traînée jusqu'au bûcher d'épines, qui flambe. Alors, Dinas, seigneur de Lidan, se laissa choir aux pieds du roi :

« Sire, écoute-moi : je t'ai servi longuement, sans vilenie, en loyauté, sans en retirer nul profit : car il n'est pas un pauvre homme, ni un orphelin, ni une vieille femme, qui me donnerait un denier de ta sénéchaussée, que j'ai tenue toute ma vie. En récompense, accorde-moi que tu recevras la reine à merci[1]. Tu veux la brûler sans jugement : c'est forfaire[2], puisqu'elle ne reconnaît pas le crime dont tu l'accuses. Songes-y, d'ailleurs. Si tu brûles son corps, il n'y aura plus de sûreté sur ta terre : Tristan s'est échappé ; il connaît bien les plaines, les bois, les gués, les passages, et il est hardi. Certes, tu es son oncle, et il ne s'attaquera pas à toi ; mais tous les barons, tes vassaux, qu'il pourra surprendre, il les tuera. »

Et les quatre félons pâlissent à l'entendre : déjà ils voient Tristan embusqué, qui les guette.

« Roi, dit le sénéchal, s'il est vrai que je t'ai bien servi toute ma vie, livre-moi Iseut ; je répondrai d'elle comme son garde et son garant. »

Mais le roi prit Dinas par la main et jura par le nom des saints qu'il ferait immédiate justice.

Alors Dinas se releva :

« Roi, je m'en retourne à Lidan et je renonce à votre service. »

Iseut sourit tristement. Il monte sur son destrier[3] et s'éloigne, marri[4] et morne, le front baissé.

1. Accorde-moi d'avoir pitié de la reine.
2. Mal agir.
3. Cheval.
4. Désolé.

Iseut se tient debout devant la flamme. La foule, à l'entour, crie, maudit le roi, maudit les traîtres. Les larmes coulent le long de sa face. Elle est vêtue d'un étroit bliaut[5] gris, où court un filet d'or menu ; un fil d'or est tressé dans ses cheveux, qui tombent jusqu'à ses pieds. Qui pourrait la voir si belle sans la prendre en pitié aurait un cœur de félon. Dieu ! comme ses bras sont étroitement liés !

Or, cent lépreux, déformés, la chair rongée et toute blanchâtre, accourus sur leurs béquilles au claquement des crécelles[6], se pressaient devant le bûcher, et, sous leurs paupières enflées, leurs yeux sanglants jouissaient du spectacle.

Yvain, le plus hideux des malades, cria au roi d'une voix aiguë :

« Sire, tu veux jeter ta femme en ce brasier, c'est bonne justice, mais trop brève. Ce grand feu l'aura vite brûlée, ce grand vent aura vite dispersé sa cendre. Et, quand cette flamme tombera tout à l'heure, sa peine sera finie. Veux-tu que je t'enseigne pire châtiment, en sorte qu'elle vive, mais à grand déshonneur, et toujours souhaitant la mort ? Roi, le veux-tu ? »

Le roi répondit :

« Oui, la vie pour elle, mais à grand déshonneur et pire que la mort… Qui m'enseignera un tel supplice, je l'en aimerai mieux.

– Sire, je te dirai donc brièvement ma pensée. Vois, j'ai là cent compagnons. Donne-nous Iseut, et qu'elle nous soit commune ! Le mal attise nos désirs. Donne-la à tes lépreux, jamais dame n'aura fait pire fin. Vois, nos haillons sont collés à nos plaies, qui suintent[7]. Elle qui,

Les lépreux au Moyen Âge

Les lépreux, nombreux au Moyen Âge, sont exclus de la société, considérés comme des parias sans aucun droit. Ils sont enfermés dans des léproseries ou tenus à l'écart des lieux habités. Dès qu'ils se déplacent, ils doivent signaler leur présence en agitant une crécelle dont le bruit fait fuir les passants. ■

5. Tunique.
6. Petits instruments de bois qui font du bruit quand on les agite.
7. Coulent.

près de toi, se plaisait aux riches étoffes fourrées de vair[1], aux joyaux, aux salles parées de marbre, elle qui jouissait des bons vins, de l'honneur, de la joie, quand elle verra la cour de tes lépreux, quand il lui faudra entrer sous nos taudis[2] bas et coucher avec nous, alors Iseut la Belle, la Blonde, reconnaîtra son péché et regrettera ce beau feu d'épines ! »

Le roi l'entend, se lève, et longuement reste immobile. Enfin, il court vers la reine et la saisit par la main. Elle crie :

« Par pitié, sire, brûlez-moi plutôt, brûlez-moi ! »

Le roi la livre. Yvain la prend et les cent malades se pressent autour d'elle. À les entendre crier et glapir, tous les cœurs se fondent de pitié ; mais Yvain est joyeux ; Iseut s'en va, Yvain l'emmène. Hors de la cité descend le hideux cortège.

Ils ont pris la route où Tristan est embusqué. Gorvenal jette un cri :

« Fils, que feras-tu ? Voici ton amie ! »

Tristan pousse son cheval hors du fourré :

« Yvain, tu lui as assez longtemps fait compagnie ; laisse-la maintenant, si tu veux vivre ! »

Mais Yvain dégrafe son manteau.

« Hardi, compagnons ! À vos bâtons ! À vos béquilles ! C'est l'instant de montrer sa prouesse ! »

Alors, il fit beau voir les lépreux rejeter leurs chapes[3], se camper sur leurs pieds malades, souffler, crier, brandir leurs béquilles : l'un menace et l'autre grogne. Mais il répugnait à Tristan de les frapper ; les conteurs prétendent que Tristan tua Yvain : c'est dire vilenie ; non, il était trop preux pour

? À votre Avis

Le roi Marc renonce à faire brûler Iseut :

- ❑ par pitié ?
- ❑ par cruauté ?
- ❑ par amour ?

1. Fourrure.
2. Logements misérables et malpropres.
3. Manteaux.

occire telle engeance[4]. Mais Gorvenal, ayant arraché une forte pousse de chêne, l'assena sur le crâne d'Yvain ; le sang noir jaillit et coula jusqu'à ses pieds difformes.

Tristan reprit la reine : désormais, elle ne sent plus nul mal. Il trancha les cordes de ses bras, et, quittant la plaine, ils s'enfoncèrent dans la forêt du Morois. Là, dans les grands bois, Tristan se sent en sûreté comme derrière la muraille d'un fort château.

Quand le soleil pencha, ils s'arrêtèrent au pied d'un mont ; la peur avait lassé la reine ; elle reposa sa tête sur le corps de Tristan et s'endormit.

Au matin, Gorvenal déroba à un forestier son arc et deux flèches bien empennées[5] et barbelées et les donna à Tristan, le bon archer, qui surprit un chevreuil et le tua. Gorvenal fit un amas de branches sèches, battit le fusil[6], fit jaillir l'étincelle et alluma un grand feu pour cuire la venaison[7] ; Tristan coupa des branchages, construisit une hutte et la recouvrit de feuillée ; Iseut la joncha d'herbes épaisses.

Alors, au fond de la forêt sauvage, commença pour les fugitifs l'âpre[8] vie, aimée pourtant.

4. Personne méprisable.

5. Garnies de plumes.

6. Pierre à fusil ou silex qui sert à produire une étincelle.

7. Le gibier.

8. Douloureuse.

IX – La forêt du Morois

Au fond de la forêt sauvage, à grand ahan[1], comme des bêtes traquées, ils errent, et rarement osent revenir le soir au gîte de la veille. Ils ne mangent que la chair des fauves[2] et regrettent le goût de sel. Leurs visages amaigris se font blêmes, leurs vêtements tombent en haillons, déchirés par les ronces. Ils s'aiment, ils ne souffrent pas.

Un jour, comme ils parcouraient ces grands bois qui n'avaient jamais été abattus, ils arrivèrent par aventure à l'ermitage du Frère Ogrin.

Au soleil, sous un bois léger d'érables, auprès de sa chapelle, le vieil homme, appuyé sur sa béquille, allait à pas menus.

« Sire Tristan, s'écria-t-il, sachez quel grand serment ont juré les hommes de Cornouailles. Le roi a fait crier un ban[3] par toutes les paroisses. Qui se saisira de vous recevra cent marcs[4] d'or pour son salaire, et tous les barons ont juré de vous livrer mort ou vif. Repentez-vous, Tristan ! Dieu pardonne au pécheur qui vient à repentance[5].

– Me repentir, sire Ogrin ? De quel crime ? Vous qui nous jugez, savez-vous quel boire[6] nous avons bu sur la mer ? Oui, la bonne liqueur nous enivre, et j'aimerais mieux mendier toute ma vie par les routes et vivre d'herbes et de racines avec Iseut, que sans elle être roi d'un beau royaume.

– Sire Tristan, Dieu vous soit en aide, car vous avez perdu ce monde-ci et l'autre. Le traître à son seigneur, on

1. Fatigue.
2. Animaux sauvages.
3. Proclamer.
4. Pièces de monnaie.
5. Demande pardon.
6. Boisson.

doit le faire écarteler par deux chevaux, le brûler sur un bûcher, et là où sa cendre tombe, il ne croît[7] plus d'herbe et le labour reste inutile ; les arbres, la verdure y dépérissent. Tristan, rendez la reine à celui qu'elle a épousé selon la loi de Rome !

– Elle n'est plus à lui ; il l'a donnée à ses lépreux ; c'est sur les lépreux que je l'ai conquise. Désormais, elle est mienne ; je ne puis me séparer d'elle, ni elle de moi. »

Ogrin s'était assis ; à ses pieds, Iseut pleurait, la tête sur les genoux de l'homme qui souffre pour Dieu. L'ermite lui redisait les saintes paroles du Livre ; mais, toute pleurante, elle secouait la tête et refusait de le croire.

« Hélas ! dit Ogrin, quel réconfort peut-on donner à des morts ? Repens-toi, Tristan, car celui qui vit dans le péché sans repentir est un mort.

– Non, je vis et ne me repens pas. Nous retournons à la forêt, qui nous protège et nous garde. Viens, Iseut, amie ! »

Iseut se releva ; ils se prirent par les mains. Ils entrèrent dans les hautes herbes et les bruyères ; les arbres refermèrent sur eux leurs branchages ; ils disparurent derrière les frondaisons[8].

Écoutez, seigneurs, une belle aventure.

Tristan avait nourri un chien, un brachet[9], beau, vif, léger à la course : ni comte, ni roi n'a son pareil pour la chasse à l'arc. On l'appelait Husdent. Il avait fallu l'enfermer dans le donjon, entravé par un billot[10] suspendu à son cou ; depuis le jour où il avait cessé de voir son maître, il refusait toute pitance[11], grattant la terre du pied, pleurait des yeux, hurlait. Plusieurs en eurent compassion.

7. Pousse.
8. Feuillages.
9. Chien de chasse.
10. Morceau de bois.
11. Nourriture.

« Husdent, disaient-ils, nulle bête n'a su si bien aimer que toi ; oui, Salomon a dit sagement : “Mon ami vrai, c'est mon lévrier.” »

Et le roi Marc, se rappelant les jours passés, songeait en son cœur : « Ce chien montre grand sens[1] à pleurer ainsi son seigneur : car y a-t-il personne par toute la Cornouailles qui vaille Tristan ? »

Trois barons vinrent au roi :

« Sire, faites délier Husdent : nous saurons bien s'il mène tel deuil par regret de son maître ; si non, vous le verrez, à peine détaché, la gueule ouverte, la langue au vent, poursuivre, pour les mordre, gens et bêtes. »

On le délie. Il bondit par la porte et court à la chambre où naguère il trouvait Tristan. Il gronde, gémit, cherche, découvre enfin la trace de son seigneur. Il parcourt pas à pas la route que Tristan a suivie vers le bûcher. Chacun le suit. Il jappe clair et grimpe vers la falaise. Le voici dans la chapelle, et qui bondit sur l'autel ; soudain il se jette par la verrière, tombe au pied du rocher, reprend la piste sur la grève, s'arrête un instant dans le bois fleuri où Tristan s'était embusqué, puis repart vers la forêt. Nul ne le voit qui n'en ait pitié.

« Beau roi, dirent alors les chevaliers, cessons de le suivre ; il nous pourrait mener en tel lieu d'où le retour serait malaisé[2]. »

Ils le laissèrent et s'en revinrent. Sous bois, le chien donna de la voix et la forêt en retentit. De loin, Tristan, la reine et Gorvenal l'ont entendu : « C'est Husdent ! » Ils s'effrayent : sans doute le roi les poursuit ; ainsi il les fait relancer comme des fauves par des limiers ! Ils s'enfoncent

1. A raison.
2. Difficile.

sous un fourré. À la lisière, Tristan se dresse, son arc bandé. Mais quand Husdent eut vu et reconnu son seigneur, il bondit jusqu'à lui, remua sa tête et sa queue, ploya[3] l'échine, se roula en cercle. Qui vit jamais telle joie ? Puis il courut à Iseut la Blonde, à Gorvenal, et fit fête aussi au cheval. Tristan en eut grande pitié :

« Hélas ! par quel malheur nous a-t-il retrouvés ? Que peut faire de ce chien, qui ne sait se tenir coi[4], un homme harcelé ? Par les plaines et par les bois, par toute sa terre, le roi nous traque : Husdent nous trahira par ses aboiements. Ah ! c'est par amour et par noblesse de nature qu'il est venu chercher la mort. Il faut nous garder[5] pourtant. Que faire ? Conseillez-moi. »

Iseut flatta Husdent de la main et dit :

« Sire, épargnez-le ! J'ai ouï[6] parler d'un forestier gallois qui avait habitué son chien à suivre, sans aboyer, la trace de sang des cerfs blessés. Ami Tristan, quelle joie si on réussissait, en y mettant sa peine, à dresser ainsi Husdent ! »

Il y songea un instant, tandis que le chien léchait les mains d'Iseut. Tristan eut pitié et dit :

« Je veux essayer ; il m'est trop dur de le tuer. »

Bientôt Tristan se met en chasse, déloge un daim, le blesse d'une flèche. Le brachet veut s'élancer sur la voie du daim, et crie si haut que le bois en résonne. Tristan le fait taire en le frappant ; Husdent lève la tête vers son maître, s'étonne, n'ose plus crier, abandonne la trace ; Tristan le met sous lui, puis bat sa botte de sa baguette de châtaignier, comme font les veneurs pour exciter les chiens ; à ce signal, Husdent veut crier encore, et Tristan

3. Courba.
4. Silencieux.
5. Protéger.
6. Entendu.

le corrige. En l'enseignant ainsi, au bout d'un mois à peine, il l'eut dressé à chasser à la muette[1] : quand sa flèche avait blessé un chevreuil ou un daim, Husdent, sans jamais donner de la voix, suivait la trace sur la neige, la glace ou l'herbe ; s'il atteignait la bête sous bois, il savait marquer la place en y portant des branchages ; s'il la prenait sur la lande, il amassait des herbes sur le corps abattu et revenait, sans un aboi, chercher son maître.

L'été s'en va, l'hiver est venu. Les amants vécurent tapis[2] dans le creux d'un rocher : et sur le sol durci par la froidure, les glaçons hérissaient leur lit de feuilles mortes. Par la puissance de leur amour, ni l'un ni l'autre ne sentit sa misère.

Mais quand revint le temps clair, ils dressèrent sous les grands arbres leur hutte de branches reverdies. Tristan savait d'enfance[3] l'art de contrefaire[4] le chant des oiseaux des bois ; à son gré, il imitait le loriot, la mésange, le rossignol et toute la gent ailée ; et, parfois, sur les branches de la hutte, venus à son appel, des oiseaux nombreux, le cou gonflé, chantaient leurs lais dans la lumière.

Les amants ne fuyaient plus par la forêt, sans cesse errants ; car nul des barons ne se risquait à les poursuivre, connaissant que Tristan les eût pendus aux branches des arbres. Un jour, pourtant, l'un des quatre traîtres, Guenelon, que Dieu maudisse ! entraîné par l'ardeur de la chasse, osa s'aventurer aux alentours du Morois. Ce matin-là, sur la lisière de la forêt, au creux d'une ravine[5], Gorvenal, ayant enlevé la selle de son destrier, lui laissait paître l'herbe nouvelle ; là-bas, dans la loge de feuillage, sur la

1. Sans aboyer.
2. Cachés.
3. Depuis l'enfance.
4. D'imiter.
5. Un petit ravin.

jonchée[6] fleurie, Tristan tenait la reine étroitement embrassée, et tous deux dormaient.

Tout à coup, Gorvenal entendit le bruit d'une meute : à grande allure les chiens lançaient un cerf, qui se jeta au ravin. Au loin, sur la lande, apparut un veneur ; Gorvenal le reconnut : c'était Guenelon, l'homme que son seigneur haïssait entre tous. Seul, sans écuyer, les éperons aux flancs saignants de son destrier et lui cinglant l'encolure, il accourait. Embusqué derrière un arbre, Gorvenal le guette : il vient vite, il sera plus lent à s'en retourner.

Il passe. Gorvenal bondit de l'embuscade, saisit le frein, et, revoyant à cet instant tout le mal que l'homme avait fait, l'abat, le démembre[7] tout, et s'en va, emportant la tête tranchée.

Là-bas, dans la loge de feuillée, sur la jonchée fleurie, Tristan et la reine dormaient étroitement embrassés. Gorvenal y vint sans bruit, la tête du mort à la main.

Lorsque les veneurs trouvèrent sous l'arbre le tronc sans tête, éperdus, comme si déjà Tristan les poursuivait, ils s'enfuirent, craignant la mort. Depuis, l'on ne vint plus guère chasser dans ce bois.

Pour réjouir au réveil le cœur de son seigneur, Gorvenal attacha, par les cheveux, la tête à la fourche de la hutte : la ramée épaisse l'enguirlandait[8].

Tristan s'éveilla et vit, à demi cachée derrière les feuilles, la tête qui le regardait. Il reconnaît Guenelon ; il se dresse sur ses pieds, effrayé. Mais son maître lui crie :

« Rassure-toi, il est mort. Je l'ai tué de cette épée. Fils, c'était ton ennemi ! »

6. Couche d'herbe sèche.
7. Découpe.
8. Le feuillage épais faisait comme une guirlande.

Et Tristan se réjouit ; celui qu'il haïssait, Guenelon, est occis[1].

Désormais, nul n'osa plus pénétrer dans la forêt sauvage : l'effroi en garde l'entrée et les amants y sont maîtres. C'est alors que Tristan façonna l'arc Qui-ne-faut[2], lequel atteignait toujours le but, homme ou bête, à l'endroit visé.

Seigneurs, c'était un jour d'été, au temps où l'on moissonne, un peu après la Pentecôte, et les oiseaux à la rosée chantaient l'aube prochaine. Tristan sortit de la hutte, ceignit son épée, apprêta l'arc Qui-ne-faut et, seul, s'en fut chasser par le bois. Avant que descende le soir, une grande peine lui adviendra. Non, jamais amants ne s'aimèrent tant et ne l'expièrent[3] si durement.

Quand Tristan revint de la chasse, accablé par la lourde chaleur, il prit la reine entre ses bras.

« Ami, où avez-vous été ?

– Après un cerf qui m'a tout lassé[4]. Vois, la sueur coule de mes membres, je voudrais me coucher et dormir. »

Sous la loge de verts rameaux, jonchée d'herbes fraîches, Iseut s'étendit la première ; Tristan se coucha près d'elle et déposa son épée nue entre leurs corps. Pour leur bonheur, ils avaient gardé leurs vêtements. La reine avait au doigt l'anneau d'or aux belles émeraudes que Marc lui avait donné au jour des épousailles ; ses doigts étaient devenus si grêles[5] que la bague y tenait à peine. Ils dormaient ainsi, l'un des bras de Tristan passé sous le cou de son amie, l'autre jeté sur son beau corps, étroitement embrassés ; leurs lèvres ne se touchaient point. Pas un souffle de brise, pas une feuille qui tremble.

1. Tué.
2. Qui jamais ne fait défaut.
3. Le payèrent.
4. Qui m'a fatigué.
5. Maigres.

À travers le toit de feuillage, un rayon de soleil descendait sur le visage d'Iseut qui brillait comme un glaçon.

Or, un forestier trouva dans le bois une place où les herbes étaient foulées ; la veille, les amants s'étaient couchés là ; mais il ne reconnut pas l'empreinte de leurs corps, suivit la trace et parvint à leur gîte. Il les vit qui dormaient, les reconnut et s'enfuit, craignant le réveil terrible de Tristan. Il s'enfuit jusqu'à Tintagel, à deux lieues de là, monta les degrés[6] de la salle, et trouva le roi qui tenait ses plaids au milieu de ses vassaux assemblés.

« Ami, que viens-tu quérir céans[7], hors d'haleine comme je te vois ? On dirait un valet de limiers qui a longtemps couru après les chiens. Veux-tu, toi aussi, nous demander raison[8] de quelque tort ? Qui t'a chassé de ma forêt ? »

Le forestier le prit à l'écart et, tout bas, lui dit :

« J'ai vu la reine et Tristan. Ils dormaient, j'ai pris peur.

– En quel lieu ?

– Dans une hutte du Morois. Ils dorment aux bras l'un de l'autre. Viens tôt, si tu veux prendre ta vengeance.

– Va m'attendre à l'entrée du bois, au pied de la Croix Rouge. Ne parle à nul homme de ce que tu as vu ; je te donnerai de l'or et de l'argent, tant que tu en voudras prendre. »

Le forestier y va et s'assied sous la Croix Rouge. Maudit soit l'espion ! Mais il mourra honteusement, comme cette histoire vous le dira tout à l'heure.

Le roi fit seller son cheval, ceignit son épée, et, sans nulle compagnie, s'échappa de la cité. Tout en chevauchant,

6. Marches.
7. Ici.
8. Justice.

seul, il se ressouvint de la nuit où il avait saisi son neveu : quelle tendresse avait alors montrée pour Tristan Iseut la Belle, au visage clair ! S'il les surprend, il châtiera[1] ces grands péchés ; il se vengera de ceux qui l'ont honni[2]…

À la Croix Rouge, il trouva le forestier :

« Va devant ; mène-moi vite et droit. »

L'ombre noire des grands arbres les enveloppe. Le roi suit l'espion. Il se fie à son épée, qui jadis a frappé de beaux coups. Ah ! si Tristan s'éveille, l'un des deux, Dieu sait lequel ! restera mort sur la place. Enfin le forestier dit tout bas :

« Roi, nous approchons. »

Il lui tint l'étrier et lia les rênes du cheval aux branches d'un pommier vert. Ils approchèrent encore, et soudain, dans une clairière ensoleillée, virent la hutte fleurie.

Le roi délace son manteau aux attaches d'or fin, le rejette, et son beau corps apparaît. Il tire son épée hors de la gaine, et redit en son cœur qu'il veut mourir s'il ne les tue. Le forestier le suivait ; il lui fait signe de s'en retourner.

Il pénètre, seul, sous la hutte, l'épée nue, et la brandit… Ah ! quel deuil[3] s'il assène ce coup ! Mais il remarqua que leurs bouches ne se touchaient pas et qu'une épée nue séparait leurs corps :

« Dieu ! se dit-il, que vois-je ici ? Faut-il les tuer ? Depuis si longtemps qu'ils vivent en ce bois, s'ils s'aimaient de fol amour, auraient-ils placé cette épée entre eux ? Et chacun ne sait-il pas qu'une lame nue, qui sépare deux corps, est garante et gardienne de chasteté ? S'ils s'aimaient de fol amour, reposeraient-ils si purement ? Non, je ne les tuerai

1. Punira.
2. Déshonoré.
3. Malheur.

pas ; ce serait grand péché de les frapper ; et si j'éveillais ce dormeur et que l'un de nous deux fût tué, on en parlerait longtemps, et pour notre honte. Mais je ferai qu'à leur réveil ils sachent que je les ai trouvés endormis, que je n'ai pas voulu leur mort, et que Dieu les a pris en pitié. »

Le soleil, traversant la hutte, brûlait la face blanche d'Iseut. Le roi prit ses gants parés d'hermine[4] : « C'est elle, songeait-il, qui, naguère, me les apporta d'Irlande ! » Il les plaça dans le feuillage pour fermer le trou par où le rayon descendait ; puis il retira doucement la bague aux pierres d'émeraude qu'il avait donnée à la reine ; naguère il avait fallu forcer un peu pour la lui passer au doigt ; maintenant ses doigts étaient si grêles que la bague vint sans effort : à la place, le roi mit l'anneau dont Iseut, jadis, lui avait fait présent. Puis il enleva l'épée qui séparait les amants, celle-là même – il la reconnut – qui s'était ébréchée dans le crâne du Morholt, posa la sienne à la place, sortit de la loge, sauta en selle, et dit au forestier :

« Fuis maintenant, et sauve ton corps, si tu peux ! »

Or, Iseut eut une vision dans son sommeil : elle était sous une riche tente, au milieu d'un grand bois. Deux lions s'élançaient sur elle et se battaient pour l'avoir… Elle jeta un cri et s'éveilla : les gants parés d'hermine blanche tombèrent sur son sein. Au cri, Tristan se dressa en pieds, voulut ramasser son épée et reconnut, à sa garde d'or, celle du roi. Et la reine vit à son doigt l'anneau de Marc. Elle s'écria :

« Sire, malheur à nous ! Le roi nous a surpris !

4. Fourrure.

– Oui, dit Tristan, il a emporté mon épée ; il était seul, il a pris peur, il est allé chercher du renfort ; il reviendra, nous fera brûler devant tout le peuple. Fuyons ! »

Et, à grandes journées, accompagnés de Gorvenal, ils s'enfuirent vers la terre de Galles, jusqu'aux confins[1] de la forêt du Morois. Que de tortures amour leur aura causées !

1. Limites.

pause lecture 2

Les amants maudits

▶ Chapitres IV à IX

Le philtre (chap. IV et V)

1 Qui a préparé le philtre ? Pour qui ? Quel est son pouvoir ?

2 Pourquoi Iseut veut-elle la mort de Brangien ? VOIR ? PAGE 50

La fatalité de l'amour

3 Qui fait boire le philtre ? À qui ? Dans quelles circonstances ?

4 De quoi se rendent coupables les deux amants selon les lois féodales ? En quoi le philtre les excuse-t-il ? Relevez tous les termes qui montrent que leur désir est plus fort que leur volonté.

L'ambivalence de la passion

5 Cherchez l'étymologie du mot « passion ». Quels sont ses deux sens ? Sont-ils valables ici tous les deux ?

6 À quoi l'amour est-il toujours associé ? Relevez les mots qui montrent qu'il est dès le départ voué au malheur.

Brangien

7 De quoi se rend coupable Iseut en voulant faire mourir Brangien ?

8 Comment Brangien réagit-elle devant la mort ? Que symbolise la chemise blanche ? Quelle leçon donne-t-elle à Iseut ?

Les amants épiés (chap. VI et VII)

1 Quelles sont les personnes qui complotent contre les amants ?
VOIR ? PAGE 59

2 Quels sont les deux épisodes où les amants sont épiés ?

Les barons félons

3 Pourquoi les barons haïssent-ils Tristan ? Que réclament-ils ? Comment Marc réagit-il d'abord ? Quelle décision finit-il par prendre ? Pourquoi ?

L'épisode du grand pin

4 Comment les amants trompent-ils la surveillance dont ils font l'objet ? Que suggère le nain au roi Marc ?

5 Comment les deux amants se sortent-ils de ce mauvais pas ? De quoi font-ils preuve tous deux ? Qu'obtiennent-ils ? Le narrateur les condamne-t-il ?

Pris au piège !

6 Pourquoi Marc cède-t-il aux menaces des barons ? Quel est le nouveau plan du nain ? Comment Tristan le déjoue-t-il dans un premier temps ? Par quoi est-il trahi ?

7 Pourquoi se laisse-t-il arrêter sans se défendre ? Comment le narrateur renforce-t-il le suspens à la fin du chapitre VII ?

Hors la loi (chap. VIII et IX)

1 À quoi le roi Marc condamne-t-il Tristan et Iseut ? VOIR ? PAGE 76

2 Où se réfugient-ils ? Qui les rejoint ?

La justice du roi

3 Pourquoi le peuple s'oppose-t-il aux peines que le roi Marc veut infliger aux amants ? De qui se fait-il le porte-parole ?

4 Comment Tristan échappe-t-il à ce sort ? Montrez que le narrateur présente cet exploit comme un miracle. Quel sens donner à cette intervention divine ?

Iseut livrée aux lépreux

5 Pourquoi le roi change-t-il la condamnation d'Iseut ? Le nouveau sort réservé à la reine est-il préférable à la mort ? Pourquoi ?

La forêt du Morois

6 Dans quelle situation matérielle, physique et morale les amants sont-ils dans la forêt ? Relevez les indications de saisons et comptez combien de temps ils y séjournent.

7 Que demande l'ermite Ogrin aux deux amants ? Quelle réponse lui fait Tristan pour justifier leur décision ?

8 Comment le roi les retrouve-t-il ? Pour quelles raisons les épargne-t-il ? Quels gestes fait-il ? Quel sens leur donne-t-il ?

Du texte à l'image

Observez l'illustration → voir dossier images p. II

1 De quelle époque date ce document ? Où est placée cette illustration par rapport au texte du manuscrit ?

2 Comment sont représentés les personnages ? Comment reconnaît-on le roi Marc et Iseult ? De quoi est constitué le paysage ? Quel épisode précis du roman est ici figuré ?

3 Le peintre respecte-t-il les lois de la perspective ? Pourquoi ?

Marc épiant Tristan et Iseut, enluminure pour *Tristan de Léonois*, manuscrit médiéval.

À vous de jouer

Rédigez un paragraphe argumenté

Racine, auteur de tragédies du XVIIe siècle, disait de Phèdre, un de ses personnages, qu'elle n'était « ni tout à fait coupable, ni tout à fait innocente ». Montrez que l'on peut porter le même jugement sur Tristan et Iseut.

Vous présenterez votre opinion en deux paragraphes où vous défendrez l'un et l'autre des points de vue.

X – L'ermite Ogrin

À TROIS JOURS DE LÀ, comme Tristan avait longuement suivi les erres[1] d'un cerf blessé, la nuit tomba, et sous le bois obscur, il se prit à songer :

« Non, ce n'est point par crainte que le roi nous a épargnés. Il avait pris mon épée, je dormais, j'étais à sa merci, il pouvait frapper ; à quoi bon du renfort[2] ? Et s'il voulait me prendre vif[3], pourquoi, m'ayant désarmé, m'aurait-il laissé sa propre épée ? Ah ! je t'ai reconnu, père : non par peur, mais par tendresse et par pitié, tu as voulu nous pardonner. Nous pardonner ? Qui donc pourrait, sans s'avilir[4], remettre[5] un tel forfait ? Non, il n'a point pardonné, mais il a compris. Il a connu qu'au bûcher, au saut de la chapelle, à l'embuscade contre les lépreux, Dieu nous avait pris en sa sauvegarde. Il s'est alors rappelé l'enfant qui, jadis, harpait[6] à ses pieds, et ma terre de Loonnois, abandonnée pour lui, et l'épieu du Morholt, et le sang versé pour son honneur. Il s'est rappelé que je n'avais pas reconnu mon tort, mais vainement réclamé jugement, droit et bataille, et la noblesse de son cœur l'a incliné à comprendre les choses qu'autour de lui ses hommes ne comprennent pas : non qu'il sache ni jamais puisse savoir la vérité de notre amour ; mais il doute, il espère, il sent que je n'ai pas dit mensonge, il désire que par jugement je trouve mon droit. Ah ! bel oncle, vaincre en bataille par l'aide de Dieu, gagner votre paix, et, pour vous, revêtir encore le haubert et le heaume ! Qu'ai-je pensé ? Il reprendrait Iseut : je la

1. Traces.
2. De l'aide.
3. Vivant.
4. Se déshonorer.
5. Pardonner.
6. Jouait de la harpe.

lui livrerais ? Que ne m'a-t-il égorgé plutôt dans mon sommeil ! Naguère, traqué par lui, je pouvais le haïr et l'oublier : il avait abandonné Iseut aux malades ; elle n'était plus à lui, elle était mienne. Voici que par sa compassion il a réveillé ma tendresse et reconquis la reine. La reine ? Elle était reine près de lui, et dans ce bois elle vit comme une serve. Qu'ai-je fait de sa jeunesse ? Au lieu de ses chambres tendues de draps de soie, je lui donne cette forêt sauvage ; une hutte, au lieu de ses belles courtines ; et c'est pour moi qu'elle suit cette route mauvaise. Au seigneur Dieu, roi du monde, je crie merci[1] et je le supplie qu'il me donne la force de rendre Iseut au roi Marc. N'est-elle pas sa femme, épousée selon la loi de Rome, devant tous les riches hommes de sa terre ? »

Tristan s'appuie sur son arc, et longuement se lamente dans la nuit.

Dans le fourré clos de ronces qui leur servait de gîte, Iseut la Blonde attendait le retour de Tristan. À la clarté d'un rayon de lune, elle vit luire à son doigt l'anneau d'or que Marc y avait glissé. Elle songea :

« Celui qui par belle courtoisie m'a donné cet anneau d'or n'est pas l'homme irrité qui me livrait aux lépreux ; non, c'est le seigneur compatissant qui, du jour où j'ai abordé sur sa terre, m'accueillit et me protégea. Comme il aimait Tristan ! Mais je suis venue, et qu'ai-je fait ? Tristan ne devrait-il pas vivre au palais du roi, avec cent damoiseaux autour de lui, qui seraient de sa mesnie[2] et le serviraient pour être armés chevaliers ? Ne devrait-il pas, chevauchant par les cours et les baronnies[3], chercher soudées[4] et aventures ? Mais, pour moi, il oublie toute

Le mariage au Moyen Âge

Au XIIe siècle, le mariage n'est pas encore un sacrement. On se marie civilement pour des questions d'héritage, car le mariage d'amour n'existe pas et l'on peut répudier sa femme facilement. Progressivement, le mariage religieux s'impose et devient la norme à partir du concile de Latran en 1215. ■

1. Je demande grâce.
2. Maison.
3. Assemblées de barons.
4. Campagnes militaires.

chevalerie, exilé de la cour, pourchassé dans ce bois, menant cette vie sauvage ! »

Elle entendit alors sur les feuilles et les branches mortes s'approcher le pas de Tristan. Elle vint à sa rencontre comme à son ordinaire, pour lui prendre ses armes. Elle lui enleva des mains l'arc Qui-ne-faut et ses flèches, et dénoua les attaches de son épée.

« Amie, dit Tristan, c'est l'épée du roi Marc. Elle devait nous égorger, elle nous a épargnés. »

Iseut prit l'épée, en baisa la garde[5] d'or ; et Tristan vit qu'elle pleurait.

« Amie, dit-il, si je pouvais faire accord[6] avec le roi Marc ! S'il m'admettait à soutenir par bataille[7] que jamais, ni en fait, ni en paroles, je ne vous ai aimée d'amour coupable, tout chevalier de son royaume depuis Lidan jusqu'à Durham qui m'oserait contredire me trouverait armé en champ clos. Puis, si le roi voulait souffrir de me garder en sa mesnie, je le servirais à grand honneur, comme mon seigneur et mon père ; et, s'il préférait m'éloigner et vous garder, je passerais en Frise[8] ou en Bretagne, avec Gorvenal comme seul compagnon. Mais partout où j'irais, reine, et toujours, je resterais vôtre. Iseut, je ne songerais pas à cette séparation, n'était la dure misère que vous supportez pour moi depuis si longtemps, belle, en cette terre déserte.

– Tristan, qu'il vous souvienne de l'ermite Ogrin dans son bocage[9] ! Retournons vers lui, et puissions-nous crier merci au puissant roi céleste, Tristan, ami ! »

Ils éveillèrent Gorvenal ; Iseut monta sur le cheval, que Tristan conduisit par le frein, et, toute la nuit, traversant

5. Poignée.

6. Trouver un accord.

7. S'il m'autorisait à défendre par les armes.

8. Région située dans les Pays-Bas actuels.

9. Petit bois.

pour la dernière fois les bois aimés, ils cheminèrent sans une parole.

Au matin, ils prirent du repos, puis marchèrent encore, tant qu'ils parvinrent à l'ermitage. Au seuil de sa chapelle, Ogrin lisait en un livre. Il les vit, et, de loin, les appela tendrement :

« Amis ! comme amour vous traque de misère en misère ! Combien durera votre folie ? Courage ! repentez-vous enfin ! »

Tristan lui dit :

« Écoutez, sire Ogrin. Aidez-nous pour offrir un accord au roi. Je lui rendrais la reine. Puis, je m'en irais au loin, en Bretagne ou en Frise ; un jour, si le roi voulait me souffrir près de lui, je reviendrais et le servirais comme je dois. »

Inclinée aux pieds de l'ermite, Iseut dit à son tour, dolente[1] :

« Je ne vivrai plus ainsi. Je ne dis pas que je me repente d'avoir aimé et d'aimer Tristan, encore et toujours ; mais nos corps, du moins, seront désormais séparés. »

L'ermite pleura et adora Dieu : « Dieu, beau roi tout-puissant ! Je vous rends grâces[2] de m'avoir laissé vivre assez longtemps pour venir en aide à ceux-ci ! » Il les conseilla sagement, puis il prit de l'encre et du parchemin et écrivit un bref[3] où Tristan offrait un accord au roi. Quand il y eut écrit toutes les paroles que Tristan lui dit, celui-ci les scella de son anneau.

« Qui portera ce bref ? demanda l'ermite.

– Je le porterai moi-même.

1. Plaintive.
2. Je vous remercie.
3. Message.

– Non, sire Tristan, vous ne tenterez point cette chevauchée hasardeuse ; j'irai pour vous, je connais bien les êtres du château.

– Laissez, beau sire Ogrin ; la reine restera en votre ermitage ; à la tombée de la nuit, j'irai avec mon écuyer, qui gardera mon cheval. »

Quand l'obscurité descendit sur la forêt, Tristan se mit en route avec Gorvenal. Aux portes de Tintagel, il le quitta. Sur les murs, les guetteurs sonnaient leurs trompes. Il se coula dans le fossé et traversa la ville au péril de son corps. Il franchit comme autrefois les palissades aiguës du verger, revit le perron de marbre, la fontaine et le grand pin, et s'approcha de la fenêtre derrière laquelle le roi dormait. Il l'appela doucement. Marc s'éveilla :

« Qui es-tu, toi qui m'appelles dans la nuit, à pareille heure ?

– Sire, je suis Tristan, je vous apporte un bref ; je le laisse là, sur le grillage de cette fenêtre. Faites attacher votre réponse à la branche de la Croix Rouge.

– Pour l'amour de Dieu, beau neveu, attends-moi ! »

Il s'élança sur le seuil, et, par trois fois, cria dans la nuit :

« Tristan ! Tristan ! Tristan, mon fils ! »

Mais Tristan avait fui. Il rejoignit son écuyer et, d'un bond léger, se mit en selle :

« Fou ! dit Gorvenal, hâte-toi, fuyons par ce chemin. »

Ils parvinrent enfin à l'ermitage où ils trouvèrent, les attendant, l'ermite qui priait, Iseut qui pleurait.

XI – Le Gué Aventureux

Marc fit éveiller son chapelain[1] et lui tendit la lettre. Le clerc brisa la cire[2] et salua d'abord le roi au nom de Tristan ; puis, ayant habilement déchiffré les paroles écrites, il lui rapporta ce que Tristan lui mandait. Marc l'écouta sans mot dire et se réjouissait en son cœur, car il aimait encore la reine.

Il convoqua nommément les plus prisés[3] de ses barons, et, quand ils furent tous assemblés, ils firent silence et le roi parla :

« Seigneurs, j'ai reçu ce bref. Je suis roi sur vous[4], et vous êtes mes féaux. Écoutez les choses qui me sont mandées ; puis conseillez-moi, je vous en requiers, puisque vous me devez le conseil. »

Le chapelain se leva, délia le bref de ses deux mains, et, debout devant le roi :

« Seigneurs, dit-il, Tristan mande d'abord salut et amour au roi et à toute sa baronnie. "Roi, ajoute-t-il, quand j'ai eu tué le dragon et que j'eus conquis la fille du roi d'Irlande, c'est à moi qu'elle fut donnée ; j'étais maître de la garder, mais je ne l'ai point voulu : je l'ai amenée en votre contrée et vous l'ai livrée. Pourtant, à peine l'aviez-vous prise pour femme, des félons vous firent accroire leurs mensonges. En votre colère, bel oncle, mon seigneur, vous avez voulu nous faire brûler sans jugement. Mais Dieu a été pris de compassion : nous l'avons supplié, il a sauvé la reine, et ce fut justice ; moi aussi, en me précipitant d'un rocher élevé, j'échappai, par la puissance de Dieu.

1. Prêtre qui s'occupe de la chapelle royale.
2. Le cachet en cire qui ferme la lettre.
3. Appréciés.
4. Je règne sur vous.

Qu'ai-je fait depuis, que l'on puisse blâmer ? La reine était livrée aux malades, je suis venu à sa rescousse[5] je l'ai emportée : pouvais-je donc manquer[6] en ce besoin à celle qui avait failli mourir, innocente, à cause de moi ? J'ai fui avec elle par les bois : pouvais-je donc, pour vous la rendre, sortir de la forêt et descendre dans la plaine ? N'aviez-vous pas commandé qu'on nous prît morts ou vifs ? Mais, aujourd'hui comme alors, je suis prêt, beau sire, à donner mon gage[7] et à soutenir contre tout venant[8] par bataille que jamais la reine n'eut pour moi, ni moi pour la reine, d'amour qui vous fût une offense. Ordonnez le combat : je ne récuse[9] nul adversaire, et, si je ne puis prouver mon droit, faites-moi brûler devant vos hommes. Mais si je triomphe et qu'il vous plaise de reprendre Iseut au clair visage, nul de vos barons ne vous servira mieux que moi ; si, au contraire, vous n'avez cure[10] de mon service, je passerai la mer, j'irai m'offrir au roi de Gavoie[11] ou au roi de Frise, et vous n'entendrez plus jamais parler de moi. Sire, prenez conseil et, si vous ne consentez à nul accord, je ramènerai Iseut en Irlande, où je l'ai prise ; elle sera reine en son pays." »

Quand les barons cornouaillais entendirent que Tristan leur offrait la bataille, ils dirent tous au roi :

« Sire, reprends la reine : ce sont des insensés qui l'ont calomniée auprès de toi. Quant à Tristan, qu'il s'en aille, ainsi qu'il l'offre, guerroyer en Gavoie ou près du roi de Frise. Mande-lui de te ramener Iseut, à tel jour et bientôt. »

Le roi demanda par trois fois :

« Nul ne se lève-t-il pour accuser Tristan ? »

5. À son aide.
6. Ne pas venir en aide.
7. Lancer un défi.
8. Quiconque.
9. Refuse.
10. Vous ne vous souciez pas.
11. Royaume qui se situerait en Irlande.

Tous se taisaient. Alors il dit au chapelain :

« Faites donc un bref au plus vite ; vous avez ouï ce qu'il faut y mettre ; hâtez-vous de l'écrire : Iseut n'a que trop souffert en ses jeunes années ! Et que la charte[1] soit suspendue à la branche de la Croix Rouge avant ce soir ; faites vite ! »

Il ajouta :

« Vous direz encore que je leur envoie à tous deux salut et amour. »

Vers la mi-nuit Tristan traversa la Blanche Lande, trouva le bref et l'apporta scellé à l'ermite Ogrin. L'ermite lui lut les lettres : Marc consentait, sur le conseil de tous ses barons à reprendre Iseut, mais non à garder Tristan comme soudoyer[2] ; pour Tristan, il lui faudrait passer la mer, quand, à trois jours de là, au Gué Aventureux, il aurait remis la reine entre les mains de Marc.

« Dieu ! dit Tristan, quel deuil de vous perdre, amie ! Il le faut, pourtant, puisque la souffrance que vous supportiez à cause de moi, je puis maintenant vous l'épargner. Quand viendra l'instant de nous séparer, je vous donnerai un présent, gage de mon amour. Du pays inconnu où je vais, je vous enverrai un messager ; il me redira votre désir, amie, et, au premier appel, de la terre lointaine, j'accourrai. »

Iseut soupira et dit :

« Tristan, laisse-moi Husdent, ton chien. Jamais limier[3] de prix n'aura été gardé à plus d'honneur. Quand je le verrai, je me souviendrai de toi et je serai moins triste. Ami, j'ai un anneau de jaspe[4] vert, prends-le pour l'amour de moi, porte-le à ton doigt : si jamais un messager prétend venir de ta part, je ne le croirai pas, quoi qu'il

1. L'accord proposé.
2. Homme d'armes qui perçoit une solde.
3. Chien de chasse.
4. Pierre semi-précieuse.

fasse ou qu'il dise, tant qu'il ne m'aura pas montré cet anneau. Mais, dès que je l'aurai vu, nul pouvoir, nulle défense royale ne m'empêcheront de faire ce que tu m'auras mandé, que ce soit sagesse ou folie.

– Amie, je vous donne Husdent.

– Ami, prenez cet anneau en récompense. »

Et tous deux se baisèrent sur les lèvres.

Or, laissant les amants à l'ermitage, Ogrin avait cheminé sur sa béquille jusqu'au Mont ; il y acheta du vair[5], du gris[6], de l'hermine[7], draps de soie, de pourpre et d'écarlate, et un chainse[8] plus blanc que fleur de lis, et encore un palefroi[9] harnaché d'or, qui allait l'amble[10] doucement. Les gens riaient à le voir dispenser[11], pour ces achats étranges et magnifiques, ses deniers dès longtemps[12] amassés ; mais le vieil homme chargea sur le palefroi les riches étoffes et revint auprès d'Iseut :

« Reine, vos vêtements tombent en lambeaux ; acceptez ces présents, afin que vous soyez plus belle le jour où vous irez au Gué Aventureux ; je crains qu'ils ne vous déplaisent : je ne suis pas expert à choisir de tels atours[13]. »

Pourtant, le roi faisait crier[14] par la Cornouailles la nouvelle qu'à trois jours de là, au Gué Aventureux, il ferait accord avec la reine. Dames et chevaliers se rendirent en foule à cette assemblée ; tous désiraient revoir la reine Iseut, tous l'aimaient, sauf les trois félons qui survivaient encore.

Mais, de ces trois, l'un mourra par l'épée, l'autre périra transpercé par une flèche, l'autre noyé ; et, quant au forestier, Perinis, le Franc, le Blond, l'assommera à coups de bâton, dans le bois. Ainsi Dieu, qui hait toute démesure, vengera les amants de leurs ennemis.

5. Fourrure de plusieurs couleurs.
6. Fourrure grise.
7. Fourrure blanche.
8. Long sous-vêtement féminin en toile fine.
9. Cheval de parade.
10. Allure d'un cheval qui lève en même temps les deux jambes du même côté.
11. Dépenser.
12. Si longtemps.
13. Parures.
14. Annoncer.

Au jour marqué pour l'assemblée, au Gué Aventureux, la prairie brillait au loin, toute tendue et parée des riches tentes des barons. Dans la forêt, Tristan chevauchait avec Iseut, et, par crainte d'une embûche[1] il avait revêtu son haubert sous ses haillons. Soudain, tous deux apparurent au seuil de la forêt et virent au loin, parmi les barons, le roi Marc.

« Amie, dit Tristan, voici le roi votre seigneur, ses chevaliers et ses soudoyers ; ils viennent vers nous ; dans un instant nous ne pourrons plus nous parler. Par le Dieu puissant et glorieux, je vous conjure : si jamais je vous adresse un message, faites ce que je vous manderai !

– Ami Tristan, dès que j'aurai revu l'anneau de jaspe vert, ni tour, ni mur, ni fort château ne m'empêcheront de faire la volonté de mon ami.

– Iseut, Dieu t'en sache gré[2] ! »

Leurs deux chevaux marchaient côte à côte : il l'attira vers lui et la pressa entre ses bras.

« Ami, dit Iseut, entends ma dernière prière : tu vas quitter ce pays ; attends du moins quelques jours ; cache-toi, tant que[3] tu saches comment me traite le roi, dans sa colère ou sa bonté ! Je suis seule : qui me défendra des félons ? J'ai peur ! Le forestier Orri t'hébergera secrètement ; glisse-toi la nuit jusqu'au cellier[4] ruiné[5] : j'y enverrai Perinis pour te dire si nul me maltraite.

– Amie, nul n'osera. Je resterai caché chez Orri : quiconque te fera outrage[6], qu'il se garde de moi comme de l'Ennemi[7] ! »

? À votre Avis

Pourquoi Iseut demande-t-elle à Tristan de se cacher ?

- ❏ Elle veut le revoir.
- ❏ Elle craint pour la vie de Tristan.
- ❏ Elle craint pour sa propre vie.

1. Un piège.
2. T'en remercie.
3. Jusqu'à ce que.
4. Pièce fraîche où l'on gardait le vin et les provisions.
5. En ruine.
6. Offense.
7. Du diable.

Les deux troupes s'étaient assez rapprochées pour échanger leurs saluts. À une portée d'arc en avant des siens, le roi chevauchait hardiment ; avec lui, Dinas de Lidan.

Quand les barons l'eurent rejoint, Tristan, tenant par les rênes le palefroi d'Iseut, salua le roi et dit :

« Roi, je te rends Iseut la Blonde. Devant les hommes de ta terre, je te requiers de m'admettre[8] à me défendre en ta cour. Jamais je n'ai été jugé. Fais que je me justifie par bataille : vaincu, brûle-moi dans le soufre ; vainqueur, retiens-moi près de toi ; ou, si tu ne veux pas me retenir, je m'en irai vers un pays lointain. »

Nul n'accepta le défi de Tristan. Alors, Marc prit à son tour le palefroi d'Iseut par les rênes, et, la confiant à Dinas, se mit à l'écart pour prendre conseil.

Joyeux, Dinas fit à la reine maint honneur et mainte courtoisie. Il lui ôta sa chape[9] d'écarlate somptueuse, et son corps apparut gracieux sous la tunique fine et le grand bliaut de soie. Et la reine sourit au souvenir du vieil ermite, qui n'avait pas épargné ses deniers. Sa robe est riche, ses membres délicats, ses yeux vairs[10], ses cheveux clairs comme des rayons de soleil.

Quand les félons la virent belle et honorée comme jadis, irrités, ils chevauchèrent vers le roi. À ce moment, un baron, André de Nicole, s'efforçait de le persuader :

« Sire, disait-il, retiens Tristan près de toi ; tu seras, grâce à lui, un roi plus redouté. »

Et, peu à peu, il assouplissait le cœur de Marc. Mais les félons vinrent à l'encontre et dirent :

« Roi, écoute le conseil que nous te donnons en loyauté. On a médit de la reine ; à tort, nous te l'accordons ; mais

8. Demande de m'autoriser.
9. Son grand manteau.
10. Bleus avec des éclats marron.

si Tristan et elle rentrent ensemble à ta cour, on en parlera de nouveau. Laisse plutôt Tristan s'éloigner quelque temps ; un jour, sans doute, tu le rappelleras. »

Marc fit ainsi : il fit mander à Tristan par ses barons de s'éloigner sans délai. Alors, Tristan vint vers la reine et lui dit adieu. Ils se regardèrent. La reine eut honte à cause de l'assemblée et rougit.

Mais le roi fut ému de pitié, et parlant à son neveu pour la première fois :

« Où iras-tu, sous ces haillons ? Prends dans mon trésor ce que tu voudras, or, argent, vair et gris.

– Roi, dit Tristan, je n'y prendrai ni un denier, ni une maille[1]. Comme je pourrai, j'irai servir à grand'joie le riche roi de Frise. »

Il tourna bride[2] et descendit vers la mer. Iseut le suivit du regard, et, si longtemps qu'elle put l'apercevoir au loin, ne se détourna point.

À la nouvelle de l'accord, grands et petits, hommes, femmes et enfants, accoururent en foule hors de la ville à la rencontre d'Iseut ; et, menant grand deuil de l'exil de Tristan, ils faisaient fête à leur reine retrouvée. Au bruit des cloches, par les rues bien jonchées, encourtinées[3] de soie, le roi, les comtes et les princes lui firent cortège ; les portes du palais s'ouvrirent à tous venants[4] ; riches et pauvres purent s'asseoir et manger, et, pour célébrer ce jour, Marc, ayant affranchi cent de ses serfs, donna l'épée et le haubert à vingt bacheliers[5] qu'il arma de sa main.

Cependant, la nuit venue, Tristan, comme il l'avait promis à la reine, se glissa chez le forestier Orri, qui l'hébergea secrètement dans le cellier ruiné. Que les félons se gardent !

1. Petite monnaie de cuivre qui valait la moitié d'un denier.

2. Fit faire demi-tour à son cheval.

3. Décorées de tentures.

4. En grand.

5. Jeunes gentilshommes entre les écuyers et les chevaliers.

XII – Le jugement par le fer rouge

Bientôt, Denoalen, Andret et Gondoïne se crurent en sûreté : sans doute, Tristan traînait sa vie outre[6] la mer, en pays trop lointain pour les atteindre. Donc, un jour de chasse, comme le roi, écoutant les abois de sa meute, retenait son cheval au milieu d'un essart[7], tous trois chevauchèrent vers lui :

« Roi, entends notre parole. Tu avais condamné la reine sans jugement, et c'était forfaire[8]. Aujourd'hui tu l'absous[9] sans jugement : n'est-ce pas forfaire encore ? Jamais elle ne s'est justifiée, et les barons de ton pays vous en blâment tous deux. Conseille-lui plutôt de réclamer elle-même le jugement de Dieu. Que lui en coûtera-t-il, innocente, de jurer sur les ossements des saints qu'elle n'a jamais failli ? Innocente, de saisir un fer rougi au feu ? Ainsi le veut la coutume, et par cette facile épreuve seront à jamais dissipés les soupçons anciens. »

Marc, irrité, répondit :

« Que Dieu vous détruise, seigneurs cornouaillais, vous qui sans répit[10] cherchez ma honte ! Pour vous j'ai chassé mon neveu : qu'exigez-vous encore ? Que je chasse la reine en Irlande ? Quels sont vos griefs[11] nouveaux ? Contre les anciens griefs, Tristan ne s'est-il pas offert à la défendre ? Pour la justifier, il vous a présenté la bataille et vous l'entendiez tous : que n'avez-vous pris contre lui vos écus et vos lances ? Seigneurs, vous m'avez requis outre le droit[12] ; craignez donc que l'homme pour vous chassé, je ne le rappelle ici ! »

Chapitre XII

L'ordalie

Deuxième forme du jugement de Dieu, l'ordalie consistait à soumettre l'accusé à une épreuve physique dont l'issue heureuse ou malheureuse était considérée comme l'expression de la justice divine, qui sauve l'innocent ou punit le coupable. Il existait différentes épreuves physiques : l'ordalie par le fer rouge, par l'eau glacée, par l'eau bouillante... ■

6. Au-delà.
7. Champ défriché.
8. Mal agir.
9. Tu lui pardonnes.
10. Sans arrêt.
11. Motifs de plaintes.
12. Vous m'avez demandé au-delà du droit.

Alors les couards[1] tremblèrent ; ils crurent voir Tristan revenu, qui saignait à blanc leurs corps.

« Sire, nous vous donnions loyal conseil, pour votre honneur, comme il sied à vos féaux ; mais nous nous tairons désormais. Oubliez votre courroux, rendez-nous votre paix ! »

Mais Marc se dressa sur ses arçons[2] :

« Hors de ma terre, félons ! Vous n'aurez plus ma paix. Pour vous j'ai chassé Tristan ; à votre tour, hors de ma terre !

– Soit, beau sire ! Nos châteaux sont forts, bien clos de pieux, sur des rocs rudes à gravir ! »

Et, sans le saluer, ils tournèrent bride.

Sans attendre limiers ni veneurs, Marc poussa son cheval vers Tintagel, monta les degrés de la salle, et la reine entendit son pas pressé retentir sur les dalles.

Elle se leva, vint à sa rencontre, lui prit son épée, comme elle avait coutume, et s'inclina jusqu'à ses pieds. Marc la retint par les mains et la relevait, quand Iseut, haussant vers lui son regard, vit ses nobles traits tourmentés par la colère : tel il lui était apparu jadis, forcené, devant le bûcher.

« Ah ! pensa-t-elle, mon ami est découvert, le roi l'a pris ! »

Son cœur se refroidit dans sa poitrine, et sans une parole, elle s'abattit aux pieds du roi. Il la prit dans ses bras et la baisa doucement ; peu à peu, elle se ranimait :

« Amie, amie, quel est votre tourment ?

– Sire, j'ai peur ; je vous ai vu si courroucé !

– Oui, je revenais irrité de cette chasse.

1. Peureux.

2. Se redressa sur sa selle.

– Ah ! seigneur, si vos veneurs vous ont marri[3], vous sied-il de prendre tant à cœur des fâcheries de chasse ? »

Marc sourit de ce propos :

« Non, amie, mes veneurs ne m'ont pas irrité, mais trois félons, qui dès longtemps nous haïssent. Tu les connais : Andret, Denoalen et Gondoïne. Je les ai chassés de ma terre.

– Sire, quel mal ont-ils osé dire de moi ?

– Que t'importe ? Je les ai chassés.

– Sire, chacun a le droit de dire sa pensée. Mais j'ai le droit de connaître le blâme jeté sur moi. Et de qui l'apprendrais-je, sinon de vous ? Seule en ce pays étranger, je n'ai personne, hormis[4] vous, sire, pour me défendre.

– Soit. Ils prétendaient donc qu'il te convient de te justifier par le serment et par l'épreuve du fer rouge. " La reine, disaient-ils, ne devrait-elle pas requérir[5] elle-même ce jugement ? Ces épreuves sont légères à qui se sait innocent. Que lui en coûterait-il ? Dieu est vrai juge ; il dissiperait à jamais les griefs anciens..." Voilà ce qu'ils prétendaient. Mais laissons ces choses. Je les ai chassés, te dis-je. »

Iseut frémit ; elle regarda le roi :

« Sire, mandez-leur de revenir à votre cour. Je me justifierai par serment.

– Quand ?

– Au dixième jour.

– Ce terme est bien proche, amie !

– Il n'est que trop lointain. Mais je requiers que d'ici là vous mandiez au roi Artur de chevaucher avec Monseigneur Gauvain, avec Girflet, Ké le sénéchal et cent de ses

3. Fâché.
4. Sauf.
5. Demander.

chevaliers jusqu'à la marche[1] de votre terre, à la Blanche-Lande, sur la rive du fleuve qui sépare vos royaumes. C'est là, devant eux, que je veux faire le serment, et non devant vos seuls barons : car, à peine aurais-je juré, vos barons vous requerront[2] encore de m'imposer une nouvelle épreuve, et jamais nos tourments ne finiraient. Mais ils n'oseront plus, si Artur et ses chevaliers sont les garants[3] du jugement. »

Tandis que se hâtaient vers Carduel les hérauts d'armes, messagers de Marc auprès du roi Artur, secrètement Iseut envoya vers Tristan son valet, Perinis le Blond, le Fidèle.

Perinis courut sous les bois, évitant les sentiers frayés[4], tant qu'il atteignit la cabane d'Orri le forestier, où, depuis de longs jours, Tristan l'attendait. Perinis lui rapporta les choses advenues, la nouvelle félonie, le terme du jugement, l'heure et le lieu marqués :

« Sire, ma dame vous mande qu'au jour fixé, sous une robe de pèlerin, si habilement déguisé que nul ne puisse vous reconnaître, sans armes, vous soyez à la Blanche-Lande : il lui faut, pour atteindre le lieu du jugement, passer le fleuve en barque ; sur la rive opposée, là où seront les chevaliers du roi Artur, vous l'attendrez. Sans doute, alors, vous pourrez lui porter aide. Ma dame redoute le jour du jugement : pourtant elle se fie en la courtoisie[5] de Dieu, qui déjà sut l'arracher aux mains des lépreux.

– Retourne vers la reine, beau doux ami, Perinis : dis-lui que je ferai sa volonté. »

Or, seigneurs, quand Perinis s'en retourna vers Tintagel, il advint qu'il aperçut dans un fourré le même forestier

1. Aux frontières.
2. Demanderont.
3. Témoins qui répondent des actes d'autres personnes.
4. Fréquentés.
5. Bienveillance.

qui, naguère, ayant surpris les amants endormis, les avait dénoncés au roi. Un jour qu'il était ivre, il s'était vanté de sa traîtrise. L'homme, ayant creusé dans la terre un trou profond, le recouvrait habilement de branchages, pour y prendre loups et sangliers. Il vit s'élancer sur lui le valet de la reine et voulut fuir. Mais Perinis l'accula[6] sur le bord du piège :

« Espion, qui as vendu la reine, pourquoi t'enfuir ? Reste là, près de ta tombe, que toi-même tu as pris le soin de creuser ! »

Son bâton tournoya dans l'air en bourdonnant. Le bâton et le crâne se brisèrent à la fois, et Perinis le Blond, le Fidèle, poussa du pied le corps dans la fosse couverte de branches.

Au jour marqué pour le jugement, le roi Marc, Iseut et les barons de Cornouailles, ayant chevauché jusqu'à la Blanche-Lande, parvinrent en bel arroi[7] devant le fleuve, et, massés au long de l'autre rive, les chevaliers d'Artur les saluèrent de leurs bannières brillantes.

Devant eux, assis sur la berge, un pèlerin miséreux, enveloppé dans sa chape, où pendaient des coquilles[8], tendait sa sébile[9] de bois et demandait l'aumône d'une voix aiguë et dolente[10].

À force de rames[11], les barques de Cornouailles approchaient. Quand elles furent près d'atterrir[12], Iseut demanda aux chevaliers qui l'entouraient :

« Seigneurs, comment pourrais-je atteindre la terre ferme, sans souiller mes longs vêtements dans cette fange[13] ? Il faudrait qu'un passeur vînt m'aider. »

L'un des chevaliers héla le pèlerin.

6. Le coinça.
7. Équipage.
8. Les pèlerins sur le chemin de Saint-Jacques-de-Compostelle accrochaient des coquilles Saint-Jacques à leurs manteaux.
9. Coupelle.
10. Plaintive.
11. À grands coups de rames.
12. Accoster.
13. Boue.

« Ami, retrousse ta chape, descends dans l'eau et porte la reine, si pourtant tu ne crains pas, cassé[1] comme je te vois, de fléchir à mi-route. »

L'homme prit la reine dans ses bras. Elle lui dit tout bas : « Ami ! » Puis, tout bas encore : « Laisse-toi choir[2] sur le sable. »

Parvenu au rivage, il trébucha et tomba, tenant la reine pressée entre ses bras. Écuyers et mariniers, saisissant les rames et les gaffes, pourchassaient le pauvre hère[3].

« Laissez-le, dit la reine ; sans doute un long pèlerinage l'avait affaibli. »

Et, détachant un fermail[4] d'or fin, elle le jeta au pèlerin.

Devant le pavillon d'Artur, un riche drap de soie de Nicée[5] était étendu sur l'herbe verte, et les reliques des saints, retirées des écrins et des châsses[6], y étaient déjà disposées. Monseigneur Gauvain, Girflet et Ké le sénéchal les gardaient.

La reine, ayant supplié Dieu, retira les joyaux de son cou et de ses mains et les donna aux pauvres mendiants ; elle détacha son manteau de pourpre et sa guimpe[7] fine, et les donna ; elle donna son chainse[8] et son bliaut et ses chaussures enrichies de pierreries. Elle garda seulement sur son corps une tunique sans manches, et, les bras et les pieds nus, s'avança devant les deux rois. À l'entour, les barons la contemplaient en silence, et pleuraient. Près des reliques brûlait un brasier. Tremblante, elle étendit la main droite vers les ossements des saints, et dit :

« Roi de Logres, et vous, roi de Cornouailles, et vous, sire Gauvain, sire Ké, sire Girflet, et vous tous qui serez mes garants, par ces corps saints et par tous les corps

1. Courbé.
2. Tomber.
3. Homme misérable.
4. Une broche.
5. Ville d'Asie mineure.
6. Boîtes contenant les reliques de saints.
7. Chemisette en tissu fin.
8. Sa tunique.

saints qui sont en ce monde, je jure que jamais un homme né de femme ne m'a tenue entre ses bras, hormis le roi Marc, mon seigneur, et le pauvre pèlerin qui, tout à l'heure, s'est laissé choir à vos yeux. Roi Marc, ce serment convient-il ?

– Oui, reine, et que Dieu manifeste son vrai jugement !

– Amen ! » dit Iseut.

Elle s'approcha du brasier, pâle et chancelante. Tous se taisaient ; le fer était rouge. Alors, elle plongea ses bras nus dans la braise, saisit la barre de fer, marcha neuf pas en la portant, puis, l'ayant rejetée, étendit ses bras en croix, les paumes ouvertes. Et chacun vit que sa chair était plus saine que prune de prunier.

Alors de toutes les poitrines un grand cri de louange monta vers Dieu.

? À votre Avis

Le serment que prête Iseut est-il fondé sur :

- ❑ un mensonge ?
- ❑ la vérité ?
- ❑ une ruse ?

XIII – La voix du rossignol

Quand Tristan, rentré dans la cabane du forestier Orri, eut rejeté son bourdon[1] et dépouillé sa chape de pèlerin, il connut clairement en son cœur que le jour était venu pour tenir la foi jurée au roi Marc et de s'éloigner du pays de Cornouailles.

Que tardait-il encore ? La reine s'était justifiée, le roi la chérissait, il l'honorait. Artur au besoin la prendrait en sa sauvegarde, et, désormais, nulle félonie ne prévaudrait[2] contre elle. Pourquoi plus longtemps rôder aux alentours de Tintagel ? Il risquait vainement sa vie, et la vie du forestier, et le repos d'Iseut. Certes, il fallait partir, et c'est pour la dernière fois, sous sa robe de pèlerin, à la Blanche-Lande, qu'il avait senti le beau corps d'Iseut frémir entre ses bras.

Trois jours encore il tarda, ne pouvant se déprendre[3] du pays où vivait la reine. Mais, quand vint le quatrième jour, il prit congé du forestier qui l'avait hébergé et dit à Gorvenal :

« Beau maître, voici l'heure du long départ : nous irons vers la terre de Galles. »

Ils se mirent à la voie[4], tristement, dans la nuit. Mais leur route longeait le verger enclos de pieux où Tristan, jadis, attendait son amie. La nuit brillait, limpide. Au détour du chemin, non loin de la palissade, il vit se dresser dans la clarté du ciel le tronc robuste du grand pin.

« Beau maître, attends sous le bois prochain ; bientôt je serai revenu.

1. Bâton de pèlerin.
2. Ne pourrait se faire.
3. Quitter.
4. Se mirent en chemin.

– Où vas-tu ? Fou, veux-tu sans répit chercher la mort ? »

Mais déjà, d'un bond assuré, Tristan avait franchi la palissade de pieux. Il vint sous le grand pin, près du perron de marbre clair. Que servirait maintenant de jeter à la fontaine des copeaux bien taillés ? Iseut ne viendrait plus ! À pas souples et prudents, par le sentier qu'autrefois suivait la reine, il s'approchait du château.

Dans sa chambre, entre les bras de Marc dormi, Iseut veillait. Soudain, par la croisée[5] entrouvert où se jouaient les rayons de la lune, entra la voix d'un rossignol.

Iseut écoutait la voix sonore qui venait enchanter la nuit, et la voix s'élevait plaintive et telle qu'il n'est pas de cœur cruel, pas de cœur de meurtrier, qu'elle n'eût attendri. La reine songea : « D'où vient cette mélodie ? » Soudain elle comprit : « Ah ! c'est Tristan ! ainsi dans la forêt du Morois il imitait pour charmer les oiseaux chanteurs. Il part, et voici son dernier adieu. Comme il se plaint ! Tel le rossignol quand il prend congé, en fin d'été, à grande tristesse. Ami, jamais plus je n'entendrai ta voix ! »

La mélodie vibra plus ardente.

« Ah ! qu'exiges-tu ? Que je vienne ? Non ! Souviens-toi d'Ogrin l'ermite, et des serments jurés. Tais-toi, la mort nous guette… Qu'importe la mort ? Tu m'appelles, tu me veux, je viens ! »

Elle se délaça des bras du roi et jeta un manteau fourré de gris[6] sur son corps presque nu. Il lui fallait traverser la salle voisine, où chaque nuit dix chevaliers veillaient à tour de rôle : tandis que cinq dormaient, les cinq autres, en

5. Fenêtre.
6. Fourrure.

armes, debout devant les huis[1] et les croisées, guettaient au dehors. Mais, par aventure, ils s'étaient tous endormis, cinq sur des lits, cinq sur les dalles. Iseut franchit leurs corps épars[2], souleva la barre de la porte : l'anneau sonna, mais sans éveiller aucun des guetteurs. Elle franchit le seuil. Et le chanteur se tut.

Sous les arbres, sans une parole, il la pressa contre sa poitrine ; leurs bras se nouèrent fermement autour de leurs corps, et jusqu'à l'aube, comme cousus par des lacs[3], ils ne se déprirent pas de l'étreinte[4]. Malgré le roi et les guetteurs, les amants mènent leur joie et leurs amours.

Cette nuitée affola les amants ; et les jours qui suivirent, comme le roi avait quitté Tintagel pour tenir ses plaids[5] à Saint-Lubin, Tristan, revenu chez Orri, osa chaque matin, au clair de lune, se glisser par le verger jusqu'aux chambres des femmes.

Un serf le surprit et s'en fut trouver Andret, Denoalen et Gondoïne :

« Seigneurs, la bête que vous croyez délogée est revenue au repaire.

– Qui ?

– Tristan.

– Quand l'as-tu vu ?

– Ce matin, et je l'ai bien reconnu. Et vous pourrez pareillement, demain, à l'aurore, le voir venir, l'épée ceinte, un arc dans une main, deux flèches dans l'autre.

– Où le verrons-nous ?

– Par telle fenêtre que je sais. Mais, si je vous le montre, combien me donnerez-vous ?

– Trente marcs[6] d'argent, et tu seras un manant[7] riche.

1. Portes.
2. Dispersés.
3. Cordes.
4. Restèrent dans les bras l'un de l'autre.
5. Cours de justice.
6. Somme importante.
7. Paysan.

– Donc, écoutez, dit le serf. On peut voir dans la chambre de la reine par une fenêtre étroite qui la domine, car elle est percée très haut dans la muraille. Mais une grande courtine[8] tendue à travers la chambre masque le pertuis[9]. Que demain l'un de vous trois pénètre bellement[10] dans le verger ; il coupera une longue branche d'épine et l'aiguisera par le bout ; qu'il se hisse alors jusqu'à la haute fenêtre et pique la branche, comme une broche, dans l'étoffe de la courtine ; il pourra ainsi l'écarter légèrement, et vous ferez brûler mon corps, seigneurs, si, derrière la tenture, vous ne voyez pas alors ce que je vous ai dit. »

Andret, Gondoïne et Denoalen débattirent lequel d'entre eux aurait le premier la joie de ce spectacle, et convinrent enfin de l'octroyer[11] d'abord à Gondoïne. Ils se séparèrent : le lendemain, à l'aube, ils se retrouveraient. Demain, à l'aube, beaux seigneurs, gardez-vous de Tristan !

Le lendemain, dans la nuit encore obscure, Tristan, quittant la cabane d'Orri le forestier, rampa vers le château sous les épais fourrés d'épines. Comme il sortait d'un hallier[12], il regarda par la clairière et vit Gondoïne qui s'en venait de son manoir. Tristan se rejeta dans les épines et se tapit[13] en embuscade :

« Ah ! Dieu ! fais que celui qui s'avance là-bas ne m'aperçoive pas avant l'instant favorable ! »

L'épée au poing, il l'attendait ; mais, par aventure, Gondoïne prit une autre voie et s'éloigna. Tristan sortit du hallier, déçu, banda son arc, visa ; hélas ! l'homme était déjà hors de portée.

8. Couverture.
9. L'ouverture.
10. Doucement.
11. L'offrir.
12. Gros buisson touffu.
13. Se cacha.

À cet instant, voici venir au loin, descendant doucement le sentier, à l'amble[1] d'un petit palefroi noir, Denoalen, suivi de deux grands lévriers. Tristan le guetta, caché derrière un pommier. Il le vit qui excitait ses chiens à lever un sanglier dans un taillis. Mais, avant que les lévriers l'aient délogé de sa bauge[2], leur maître aura reçu telle blessure que nul médecin ne saura le guérir. Quand Denoalen fut près de lui, Tristan rejeta sa chape, bondit, se dressa devant son ennemi. Le traître voulut fuir ; vainement : il n'eut pas le loisir de crier : « Tu me blesses ! » Il tomba de cheval. Tristan lui coupa la tête, trancha les tresses qui pendaient autour de son visage et les mit dans sa chausse : il voulait les montrer à Iseut pour en réjouir le cœur de son amie. « Hélas ! songeait-il, qu'est devenu Gondoïne ? Il s'est échappé : que n'ai-je pu lui payer même salaire ! »

Il essuya son épée, la remit en sa gaine, traîna sur le cadavre un tronc d'arbre, et, laissant le corps sanglant, il s'en fut, le chaperon[3] en tête, vers son amie.

Au château de Tintagel, Gondoïne l'avait devancé : déjà, grimpé sur la haute fenêtre, il avait piqué sa baguette d'épine dans la courtine, écarté légèrement deux pans de l'étoffe, et regardait au travers la chambre bien jonchée. D'abord, il n'y vit personne que Perinis ; puis, ce fut Brangien, qui tenait encore le peigne dont elle venait de peigner la reine aux cheveux d'or.

Mais Iseut entra, puis Tristan. Il portait d'une main son arc d'aubier[4] et deux flèches ; dans l'autre, il tenait deux longues tresses d'homme.

1. Au pas.
2. Repaire du sanglier.
3. La capuche.
4. Bois souple, provenant de la partie du tronc située sous l'écorce.

Il laissa tomber sa chape, et son beau corps apparut. Iseut la Blonde s'inclina pour le saluer, et comme elle se redressait, levant la tête vers lui, elle vit, projetée sur la tenture, l'ombre de la tête de Gondoïne. Tristan lui disait.

« Vois-tu ces belles tresses ? Ce sont celles de Denoalen. Je t'ai vengée de lui. Jamais plus il n'achètera ni ne vendra écu ni lance !

– C'est bien, seigneur ; mais tendez cet arc, je vous prie ; je voudrais voir s'il est commode à bander. »

Tristan le tendit, étonné, comprenant à demi. Iseut prit l'une des deux flèches, l'encocha, regarda si la corde était bonne, et dit, à voix basse et rapide :

« Je vois chose qui me déplaît. Vise bien, Tristan ! »

Il prit la pose, leva la tête et vit, tout au haut de la courtine, l'ombre de la tête de Gondoïne.

« Que Dieu, fait-il, dirige cette flèche ! » Il dit, se retourne vers la paroi, tire. La longue flèche siffle dans l'air, émerillon[5] ni hirondelle ne vole si vite, crève l'œil du traître, traverse sa cervelle comme la chair d'une pomme, et s'arrête, vibrante, contre le crâne. Sans un cri, Gondoïne s'abattit et tomba sur un pieu.

Alors Iseut dit à Tristan :

« Fuis maintenant, ami ! Tu le vois, les félons connaissent ton refuge ! Andret survit, il l'enseignera au roi ; il n'est plus de sûreté pour toi dans la cabane du forestier ! Fuis, ami ! Perinis le Fidèle cachera ce corps dans la forêt, si bien que le roi n'en saura jamais nulles nouvelles. Mais toi, fuis de ce pays, pour ton salut, pour le mien ! »

Tristan dit :

« Comment pourrais-je vivre ?

? À votre Avis

Tristan doit fuir :

- ❑ parce qu'il n'a plus d'argent ?
- ❑ parce qu'il a tué des barons ?
- ❑ parce qu'il n'est plus en sécurité ?

5. Petit faucon très vif.

– Oui, ami Tristan, nos vies sont enlacées et tissées l'une à l'autre. Et moi, comment pourrais-je vivre ? Mon corps reste ici, tu as mon cœur.

– Iseut, amie, je pars, je ne sais pour quel pays. Mais, si jamais tu revois l'anneau de jaspe vert, feras-tu ce que je te manderai par lui ?

– Oui, tu le sais : si je revois l'anneau de jaspe vert, ni tour, ni fort château, ni défense royale ne m'empêcheront de faire la volonté de mon ami, que ce soit folie ou sagesse !

– Amie, que le Dieu né en Bethléem[1] t'en sache gré[2] !

– Ami, que Dieu te garde ! »

1. Jésus.
2. Te remercie.

pause lecture 3

Retour à la vie sociale

▸ Chapitres X à XIII

La réconciliation (chap. X et XI)

1 Quelle promesse se font les amants ? Que demande en secret la reine à Tristan ? Pourquoi ? VOIR **?** PAGE 102

La décision de Tristan et Iseut (chap. X)

2 Le monologue de Tristan (l. 4 à 41). En quoi la visite du roi Marc a-t-elle changé la situation ? Quel est le dilemme de Tristan ?

3 Le monologue d'Iseut (l . 48 à 59). Quel est son dilemme ? En quoi sont-ils dignes l'un de l'autre ? Leur amour est-il remis en cause par leur décision ?

La décision de Marc (chap. XI)

4 La lettre de Tristan (l. 16 à 48). Que commence-t-il par rappeler dans la 1re partie du bref ? Quels mots introduisent la 2e partie ? Quels choix propose-t-il à Marc ?

5 Qui Marc consulte-t-il avant de prendre sa décision ? Que lui conseille-t-on ?

La séparation

6 Où se passe l'entrevue entre les amants et le roi Marc et sa cour ? En quoi ce lieu est-il symbolique ? Que demande à nouveau Tristan au roi ? Pourquoi ?

7 Quelle est la décision finale de Marc ? Par qui est-il de nouveau influencé ? Sur quel ton Tristan lance-t-il ses dernières paroles (l. 188 à 190) ?

L'ordalie (chap. XII)

1 Quelle épreuve Iseut subit-elle ?

2 Quel serment Iseut prête-t-elle ? En quoi est-il habile ? VOIR ? PAGE 111

La demande des barons

3 Pourquoi les barons réclament-ils ce jugement ? Le roi accepte-t-il tout de suite ? De quoi le menacent-ils en cas de refus ?

4 Qui fait revenir Marc sur sa décision ? Pourquoi Iseut prend-elle ce risque ?

5 Que demande-t-elle comme garantie ?
En quoi est-ce important pour les lecteurs du XIIe siècle ?

Le jugement de Dieu

6 Quel message Iseut fait-elle passer à Tristan ? Que doit-il faire ?
Le lecteur comprend-il la ruse d'Iseut ? Quel est l'effet créé ?

7 Le déroulement de l'ordalie (l. 165 à 190). Quel est le rythme des phrases ? Quelle comparaison indique au lecteur qu'Iseut a passé l'épreuve avec succès ?

8 Quelle qualité d'Iseut le serment révèle-t-il ? Citez une autre occasion où elle a fait preuve de la même qualité. Est-elle pour autant innocente ? De quel côté se trouve le narrateur ? et les lecteurs ?

La séparation (chap. XIII)

1 Tristan met-il tout de suite à exécution sa décision de partir ? Pourquoi ?

2 Qui surprend les deux amants lors de leur entrevue ? Qui prévient-il ? À quoi Tristan doit-il se résoudre ? VOIR ? PAGE 117

La décision

3 Quelles sont les raisons avancées par Tristan pour partir ? De quelle qualité fait-il preuve ?

4 Sur le chemin du départ, où s'arrête-t-il ? Pour quelle raison ? À quoi Iseut reconnaît-elle Tristan ? Quel serment lie les deux amants ?

Les retrouvailles

5 Que fait la reine ? Montrez à quel point cette entreprise est risquée.

6 Une fois prévenus, que décident les trois félons ? Comment Tristan et la reine se tirent-ils de ce mauvais pas ? Dans quel autre épisode ont-ils fait preuve de la même habileté ?

L'adieu

7 Par quelle image Iseut fait-elle comprendre à Tristan qu'ils resteront unis, même s'ils ne se voient plus ? Quel gage d'amour la reine a-t-elle donné à Tristan ? En quoi la scène des adieux est-elle émouvante ?

Du texte à l'image

Observez l'illustration → voir dossier images p. III

1. Qui sont les deux personnages représentés ? Quelle expression le peintre a-t-il donnée au personnage masculin ? et au personnage féminin ?
2. Comparez les vêtements, le paysage de ce tableau avec ceux de l'enluminure (p. II). Que remarquez-vous ?
3. Quel épisode de cette troisième partie le tableau pourrait-il illustrer ? Justifiez votre choix.

Le roi Marc et Iseut la Belle, peinture de Sir Edward Burne-Jones, XIXe siècle.

À vous de jouer

Écrivez un récit

Racontez la scène de l'ordalie vue par le roi Marc. N'oubliez pas qu'il aime sa femme. Il observe aussi les réactions des barons et de la foule.

Faites des recherches

Cherchez d'autres renseignements sur le jugement de Dieu. Quelles formes pouvait-il prendre ?

XIV – Le grelot merveilleux

Tristan se réfugia en Galles, sur la terre du noble duc Gilain. Le duc était jeune, puissant, débonnaire[1] ; il l'accueillit comme un hôte bienvenu. Pour lui faire honneur et joie, il n'épargna nulle peine ; mais ni les aventures ni les fêtes ne purent apaiser l'angoisse de Tristan.

Un jour qu'il était assis aux côtés du jeune duc, son cœur était si douloureux qu'il soupirait sans même s'en apercevoir. Le duc, pour adoucir sa peine, commanda d'apporter dans sa chambre privée son jeu favori, qui, par sortilège[2], aux heures tristes[3], charmait ses yeux et son cœur. Sur une table recouverte d'une pourpre[4] noble et riche, on plaça son chien Petit-Crû. C'était un chien enchanté : il venait au duc de l'île d'Avallon ; une fée le lui avait envoyé comme un présent d'amour. Nul ne saurait par des paroles assez habiles décrire sa nature et sa beauté. Son poil était coloré de nuances si merveilleusement disposées que l'on ne savait nommer sa couleur ; son encolure semblait d'abord plus blanche que neige, sa croupe plus verte que feuille de trèfle, l'un de ses flancs rouge comme l'écarlate, l'autre jaune comme le safran[5], son ventre bleu comme le lapis-lazuli[6], son dos rosé ; mais, quand on le regardait plus longtemps, toutes ces couleurs dansaient aux yeux et muaient[7], tour à tour blanches et vertes, jaunes, bleues, pourprées, sombres ou fraîches. Il portait au cou, suspendu à une chaînette d'or, un grelot au tintement si gai, si clair, si doux, qu'à l'ouïr,

L'île d'Avallon

C'est l'île mythique des Celtes. Située en un lieu et à une distance indéterminés, elle ne peut être atteinte qu'après une navigation dangereuse, souvent assimilée à la mort. La fée Morgane règne avec ses huit sœurs sur ce pays de l'éternelle jeunesse. ■

1. Bon et doux.
2. Magie.
3. Moments de tristesse.
4. Tissu de couleur rouge foncé.
5. Épice de couleur jaune d'or.
6. Pierre semi-précieuse de couleur bleue.
7. Changeaient.

? À votre Avis

Tristan veut offrir Petit-Crû à Iseut :

- ❑ pour la faire rire ?
- ❑ pour la faire pleurer ?
- ❑ pour la consoler ?

le cœur de Tristan s'attendrit, s'apaisa, et que sa peine se fondit[1]. Il ne lui souvint plus de tant de misères endurées pour la reine ; car telle était la merveilleuse vertu du grelot : le cœur, à l'entendre sonner, si doux, si gai, si clair, oubliait toute peine. Et tandis que Tristan, ému par le sortilège, caressait la petite bête enchantée qui lui prenait tout son chagrin et dont la robe[2], au toucher de sa main, semblait plus douce qu'une étoffe de samit[3], il songeait que ce serait là un beau présent pour Iseut. Mais que faire ? Le duc Gilain aimait Petit-Crû par-dessus toute chose, et nul n'aurait pu l'obtenir de lui, ni par ruse, ni par prière.

Un jour, Tristan dit au duc :

« Sire, que donneriez-vous à qui délivrerait votre terre du géant Urgan le Velu, qui réclame de vous de si lourds tributs[4] ?

– En vérité, je donnerais à choisir à son vainqueur, parmi mes richesses, celle qu'il tiendrait pour la plus précieuse ; mais nul n'osera s'attaquer au géant.

– Voilà merveilleuses paroles, reprit Tristan. Mais le bien ne vient jamais dans un pays que par les aventures[5], et, pour tout l'or de Pavie[6], je ne renoncerais pas à mon désir de combattre le géant.

– Alors, dit le duc Gilain, que le Dieu né d'une Vierge[7] vous accompagne et vous défende de la mort ! »

Tristan atteignit Urgan le Velu dans son repaire. Longtemps ils combattirent furieusement. Enfin la prouesse triompha de la force, l'épée agile de la lourde massue, et Tristan, ayant tranché le poing droit du géant, le rapporta au duc :

1. Disparut.
2. Le pelage.
3. Soie.
4. Rançons.
5. Exploits.
6. Ville d'Italie réputée pour ses richesses.
7. Jésus, fils de la Vierge Marie.

« Sire, en récompense, ainsi que vous l'avez promis, donnez-moi Petit-Crû, votre chien enchanté !

– Ami, qu'as-tu demandé ? Laisse-le-moi et prends plutôt ma sœur et la moitié de ma terre.

– Sire, votre sœur est belle, et belle est votre terre ; mais c'est pour gagner votre chien fée que j'ai attaqué Urgan le Velu. Souvenez-vous de votre promesse !

– Prends-le donc ; mais sache que tu m'as enlevé la joie de mes yeux et la gaieté de mon cœur ! »

Tristan confia le chien à un jongleur[8] de Galles, sage et rusé, qui le porta de sa part en Cornouailles. Le jongleur parvint à Tintagel et le remit secrètement à Brangien. La reine s'en réjouit grandement, donna en récompense dix marcs d'or au jongleur et dit au roi que la reine d'Irlande, sa mère, envoyait ce cher présent. Elle fit ouvrer[9] pour le chien, par un orfèvre, une niche précieusement incrustée d'or et de pierreries et, partout où elle allait, le portait avec elle en souvenir de son ami. Et, chaque fois qu'elle le regardait, tristesse, angoisse, regrets s'effaçaient de son cœur.

Elle ne comprit pas d'abord la merveille ; si elle trouvait une telle douceur à le contempler c'était, pensait-elle, parce qu'il lui venait de Tristan ; c'était, sans doute, la pensée de son ami qui endormait ainsi sa peine. Mais un jour elle connut que c'était un sortilège, et que seul le tintement du grelot charmait son cœur.

« Ah ! pensa-t-elle, convient-il que je connaisse le réconfort, tandis que Tristan est malheureux ? Il aurait pu garder ce chien hanté[10] et oublier ainsi toute douleur ; par belle courtoisie, il a mieux aimé me l'envoyer, donner

8. Artiste poète qui allait de château en château.

9. Confectionner.

10. Magique.

sa joie et reprendre sa misère. Mais il ne sied[1] pas qu'il en soit ainsi ; Tristan, je veux souffrir aussi longtemps que tu souffriras. »

Elle prit le grelot magique, le fit tinter une dernière fois, le détacha doucement ; puis, par la fenêtre ouverte, elle le lança dans la mer.

XV – Iseut aux Blanches Mains

Les amants ne pouvaient ni vivre ni mourir l'un sans l'autre. Séparés, ce n'était pas la vie, ni la mort, mais la vie et la mort à la fois.

Par les mers, les îles et les pays, Tristan voulut fuir sa misère. Il revit son pays de Loonnois, où Rohalt le Foi-Tenant reçut son fils[2] avec des larmes de tendresse ; mais, ne pouvant supporter de vivre dans le repos de sa terre, Tristan s'en fut par les duchés et les royaumes, cherchant les aventures. Du Loonnois en Frise, de Frise en Gavoie, d'Allemagne en Espagne, il servit maints seigneurs, acheva maintes emprises[3]. Hélas ! pendant deux années, nulle nouvelle ne lui vint de la Cornouailles, nul ami, nul message.

Alors il crut qu'Iseut s'était déprise de lui[4] et qu'elle l'oubliait.

Or, il advint qu'un jour, chevauchant avec le seul Gorvenal, il entra sur la terre de Bretagne. Ils traversèrent une plaine dévastée : partout des murs ruinés, des villages sans habitants, des champs essartés[5] par le feu, et leurs

1. Convient.
2. Celui qu'il considérait comme son fils.
3. Mena à bien diverses missions.
4. N'était plus amoureuse de lui.
5. Défrichés.

chevaux foulaient des cendres et des charbons. Sur la lande déserte, Tristan songea :

« Je suis las et recru[6]. De quoi me servent ces aventures ? Ma dame est au loin, jamais je ne la reverrai. Depuis deux années, que ne m'a-t-elle fait quérir[7] par les pays ? Pas un message d'elle. À Tintagel, le roi l'honore et la sert ; elle vit en joie. Certes, le grelot du chien enchanté accomplit bien son œuvre ! Elle m'oublie, et peu lui chaut[8] des deuils et des joies d'antan[9], peu lui chaut du chétif[10] qui erre par ce pays désolé. À mon tour, n'oublierai-je jamais celle qui m'oublie ? Jamais ne trouverai-je qui guérisse ma misère ? »

Pendant deux jours, Tristan et Gorvenal passèrent les champs et les bourgs sans voir un homme, un coq, un chien. Au troisième jour, à l'heure de none, ils approchèrent d'une colline où se dressait une vieille chapelle, et, tout près, l'habitacle d'un ermite. L'ermite ne portait point de vêtements tissés, mais une peau de chèvre avec des haillons de laine sur l'échine[11]. Prosterné sur le sol, les genoux et les coudes nus, il priait Marie-Madeleine de lui inspirer des prières salutaires. Il souhaita la bienvenue aux arrivants, et tandis que Gorvenal établait[12] les chevaux, il désarma[13] Tristan, puis disposa le manger. Il ne leur donna point de mets délicats, mais de l'eau de source et du pain d'orge pétri avec de la cendre. Après le repas, comme la nuit était tombée et qu'ils étaient assis autour du feu, Tristan demanda quelle était cette terre ruinée.

« Beau seigneur, dit l'ermite, c'est la terre de Bretagne, que tient le duc Hoël. C'était naguère un beau pays, riche

6. Très fatigué.
7. Aller chercher.
8. Importe.
9. D'autrefois.
10. Misérable.
11. Le dos.
12. Installait à l'étable.
13. Ôta les armes.

en prairies et en terres de labour : ici des moulins, là des pommiers, là des métairies. Mais le comte Riol de Nantes y a fait le dégât ; ses fourrageurs[1] ont partout bouté[2] le feu, et de partout enlevé les proies. Ses hommes en sont riches pour longtemps : ainsi va la guerre.

– Frère, dit Tristan, pourquoi le comte Riol a-t-il ainsi honni[3] votre seigneur Hoël ?

– Je vous dirai donc, seigneur, l'occasion de la guerre. Sachez que Riol était le vassal du duc Hoël. Or, le duc a une fille, belle entre les filles de hauts hommes, et le comte Riol voulait la prendre à femme. Mais son père refusa de la donner à un vassal, et le comte Riol a tenté de l'enlever par la force. Bien des hommes sont morts pour cette querelle.

Tristan demanda :

« Le duc Hoël peut-il encore soutenir sa guerre ?

– À grand'peine, seigneur. Pourtant, son dernier château, Carhaix[4], résiste encore, car les murailles en sont fortes, et fort est le cœur du fils du duc Hoël, Kaherdin, le bon chevalier. Mais l'ennemi les presse[5] et les affame : pourront-ils tenir longtemps ? »

Tristan demanda à quelle distance était le château de Carhaix.

« Sire, à deux milles seulement. »

Ils se séparèrent et dormirent. Au matin, après que l'ermite eut chanté et qu'ils eurent partagé le pain d'orge et de cendre, Tristan prit congé du prud'homme[6] et chevaucha vers Carhaix.

Quand il s'arrêta au pied des murailles closes, il vit une troupe d'hommes debout sur le chemin de ronde, et

1. Soldats.
2. Mis.
3. Haï.
4. Ville forte bretonne.
5. Les harcèle.
6. Homme sage.

demanda le duc. Hoël se trouvait parmi ces hommes avec son fils Kaherdin. Il se fit connaître et Tristan lui dit :

« Je suis Tristan, roi de Loonnois, et Marc, le roi de Cornouailles, est mon oncle. J'ai su, seigneur, que vos vassaux vous faisaient tort et je suis venu pour vous offrir mon service.

– Hélas ! sire Tristan, passez votre voie et que Dieu vous récompense ! Comment vous accueillir céans[7] ? Nous n'avons plus de vivres ; point de blé, rien que des fèves et de l'orge pour subsister.

– Qu'importe ? dit Tristan. J'ai vécu dans une forêt, pendant deux ans, d'herbes, de racines et de venaison[8], et sachez que je trouvais bonne cette vie. Commandez qu'on m'ouvre cette porte. »

Kaherdin dit alors :

« Recevez-le, mon père, puisqu'il est de tel courage, afin qu'il prenne sa part de nos biens et de nos maux. »

Ils l'accueillirent avec honneur. Kaherdin fit visiter à son hôte les fortes murailles et la tour maîtresse, bien flanquée de bretèches palissadées[9] où s'embusquaient les arbalétriers[10]. Des créneaux, il lui fit voir dans la plaine, au loin, les tentes et les pavillons plantés par le comte Riol. Quand ils furent revenus au seuil du château, Kaherdin dit à Tristan :

« Or, bel ami, nous monterons à la salle où sont ma mère et ma sœur. »

Tous deux, se tenant par la main, entrèrent dans la chambre des femmes. La mère et la fille, assises sur une courtepointe[11], paraient[12] d'orfroi[13] un palle[14] d'Angleterre et chantaient une chanson de toile[15] : elles disaient

7. Dans ma demeure.
8. Gibier.
9. Fortifications en charpente qui dépassent sur des façades en maçonnerie.
10. Hommes d'armes munis d'arbalètes.
11. Couverture.
12. Ornaient.
13. De broderies.
14. Drap.
15. Chanson que l'on chantait en tissant ou en brodant à la veillée.

comment Belle Doette, assise au vent sous l'épine[1] blanche, attend et regrette Doon son ami, si lent à venir. Tristan les salua et elles le saluèrent, puis les deux chevaliers s'assirent auprès d'elles. Kaherdin, montrant l'étole[2] que brodait sa mère :

« Voyez, dit-il, bel ami Tristan, quelle ouvrière[3] est ma dame : comme elle sait à merveille orner les étoles et les chasubles, pour en faire aumône aux moutiers[4] pauvres ! et comme les mains de ma sœur font courir les fils d'or sur ce samit blanc ! Par foi, belle sœur, c'est à droit[5] que vous avez nom Iseut aux Blanches Mains ! »

Alors Tristan, connaissant qu'elle s'appelait Iseut, sourit et la regarda plus doucement.

Or, le comte Riol avait dressé son camp à trois milles de Carhaix, et, depuis bien des jours, les hommes du duc Hoël n'osaient plus, pour l'assaillir, franchir les barres[6]. Mais, dès le lendemain, Tristan, Kaherdin et douze jeunes chevaliers sortirent de Carhaix, les hauberts endossés, les heaumes lacés, et chevauchèrent sous des bois de sapins jusqu'aux approches des tentes ennemies ; puis, s'élançant de l'aguet[7], ils enlevèrent par force un charroi[8] du comte Riol. À partir de ce jour, variant maintes fois ruses et prouesses, ils culbutaient ses tentes mal gardées, attaquaient ses convois, navraient[9] et tuaient ses hommes et jamais ils ne rentraient dans Carhaix sans y ramener quelque proie. Par là, Tristan et Kaherdin commencèrent à se porter foi et tendresse, tant qu'ils se jurèrent amitié et compagnonnage[10]. Jamais ils ne faussèrent cette parole[11], comme l'histoire vous l'apprendra.

La belle Doette

C'est une chanson de toile (poème narratif chanté) racontant l'histoire de la belle Doette qui attend le retour de son seigneur du tournoi et qui, apprenant son décès, décide de se faire religieuse et de fonder une abbaye dont les amants infidèles ne pourront trouver l'entrée. ■

1. Aubépine.
2. Le châle.
3. Brodeuse.
4. Monastères.
5. À raison.
6. Barrières.
7. Des postes de guet.
8. Convoi de chariots.
9. Blessaient.
10. Assistance.
11. Revinrent sur cette promesse.

Or, tandis qu'ils revenaient de ces chevauchées, parlant de chevalerie et de courtoisie[12], souvent Kaherdin louait à son cher compagnon sa sœur Iseut aux Blanches Mains, la simple, la belle.

Un matin, comme l'aube venait de poindre, un guetteur descendit en hâte de sa tour et courut par les salles en criant :

« Seigneurs, vous avez trop dormi ! Levez-vous, Riol vient faire l'assaillie[13] ! »

Chevaliers et bourgeois s'armèrent et coururent aux murailles : ils virent dans la plaine briller les heaumes, flotter les pennons[14] de cendal[15], et tout l'ost[16] de Riol qui s'avançait en bel arroi[17]. Le duc Hoël et Kaherdin déployèrent aussitôt devant les portes les premières batailles[18] de chevaliers. Arrivés à la portée d'un arc, ils brochèrent les chevaux[19], lances baissées, et les flèches tombaient sur eux comme pluie d'avril.

Mais Tristan s'armait à son tour avec ceux que le guetteur avait réveillés les derniers. Il lace ses chausses[20], passe le bliaut[21], les houseaux[22] étroits et les éperons d'or ; il endosse[23] le haubert, fixe le heaume sur la ventaille[24] ; il monte, éperonne son cheval jusque dans la plaine et paraît, l'écu dressé contre sa poitrine, en criant : « Carhaix ! » Il était temps : déjà les hommes d'Hoël reculaient vers les bailes[25]. Alors il fit beau voir la mêlée des chevaux abattus et des vassaux navrés, les coups portés par les jeunes chevaliers, et l'herbe qui, sous leurs pas, devenait sanglante. En avant de tous, Kaherdin s'était fièrement arrêté, en voyant poindre[26] contre lui un hardi baron, le frère du comte Riol. Tous deux se heurtèrent des lances baissées. Le Nantais brisa la sienne sans ébranler

12. D'amour.
13. Donner l'assaut.
14. Bannières.
15. Soie.
16. Armée.
17. Équipage.
18. Bataillons.
19. Mirent les chevaux au galop.
20. Sorte de collants.
21. Tunique.
22. Sorte de bottes montant à mi-jambes.
23. Revêt.
24. Partie du casque par où passe l'air.
25. Maisons.
26. Venir.

Kaherdin, qui, d'un coup plus sûr, écartela[1] l'écu de l'adversaire et lui planta son fer bruni dans le côté jusqu'au gonfanon[2]. Soulevé de selle, le chevalier vide les arçons[3] et tombe.

Au cri que poussa son frère, le comte Riol s'élança contre Kaherdin, le frein abandonné. Mais Tristan lui barra le passage. Quand ils se heurtèrent, la lance de Tristan se rompit à son poing, et celle de Riol, rencontrant le poitrail du cheval ennemi, pénétra dans les chairs et l'étendit mort sur le pré. Tristan, aussitôt relevé, l'épée fourbie[4] à la main :

« Couard, dit-il, la male mort à qui laisse le maître pour navrer le cheval ! Tu ne sortiras pas vivant de ce pré !

– Je crois que vous mentez ! » répondit Riol en poussant sur lui son destrier.

Mais Tristan esquiva l'atteinte[5], et, levant le bras, fit lourdement tomber sa lame sur le heaume de Riol, dont il embarra[6] le cercle et emporta le nasal[7]. La lame glissa de l'épaule du chevalier au flanc du cheval, qui chancela et s'abattit à son tour. Riol parvint à s'en débarrasser et se redressa ; à pied tous deux, l'écu troué, fendu, le haubert démaillé, ils se requièrent[8] et s'assaillent[9] ; enfin Tristan frappe Riol sur l'escarboucle[10] de son heaume. Le cercle cède, et le coup était si fortement assené que le baron tombe sur les genoux et sur les mains :

« Relève-toi, si tu peux, vassal, lui cria Tristan ; à la male heure es-tu venu dans ce champ ; il te faut mourir ! »

Riol se remet en pieds, mais Tristan l'abat encore d'un coup qui fendit le heaume, trancha la coiffe et découvrit le crâne. Riol implora merci, demanda la vie sauve et Tristan reçut son épée. Il la prit à temps, car de toutes

1. Brisa.
2. Bandelette dont les chevaliers ornaient leur lance.
3. Est renversé de cheval.
4. Préparée.
5. Se déroba à l'attaque.
6. Souleva.
7. Partie du casque qui servait à protéger le nez.
8. S'interpellent.
9. Se jettent l'un contre l'autre.
10. La fermeture.

parts les Nantais étaient venus à la rescousse de leur seigneur. Mais déjà leur seigneur était recréant[11].

Chapitre XV

Riol promit de se rendre en la prison du duc Hoël, de lui jurer de nouveau hommage et foi[12], de restaurer les bourgs et les villages brûlés. Par son ordre, la bataille s'apaisa, et son ost s'éloigna.

Quand les vainqueurs furent rentrés dans Carhaix, Kaherdin dit à son père :

« Sire, mandez Tristan, et retenez-le ; il n'est pas de meilleur chevalier, et votre pays a besoin d'un baron de telle prouesse[13]. »

Ayant pris le conseil de ses hommes, le duc Hoël appela Tristan :

« Ami, je ne saurais trop vous aimer, car vous m'avez conservé cette terre. Je veux donc m'acquitter envers vous. Ma fille, Iseut aux Blanches Mains, est née de ducs, de rois et de reines. Prenez-la, je vous la donne.

– Sire, je la prends », dit Tristan.

Ah ! seigneurs, pourquoi dit-il cette parole ? Mais, pour cette parole, il mourut.

Jour est pris, terme fixé. Le duc vient avec ses amis, Tristan avec les siens. Le chapelain chante la messe. Devant tous, à la porte du moutier, selon la loi de sainte Église, Tristan épouse Iseut aux Blanches Mains. Les noces furent grandes et riches. Mais la nuit venue, tandis que les hommes de Tristan le dépouillaient de ses vêtements, il advint que, en retirant la manche trop étroite de son bliau, ils enlevèrent et firent choir de son doigt son anneau de jaspe vert, l'anneau d'Iseut la Blonde. Il sonne clair sur les dalles.

11. Se déclarait vaincu.
12. Promesse de servir son suzerain loyalement.
13. D'une telle vaillance.

Tristan regarde et le voit. Alors son ancien amour se réveille, et Tristan connaît[1] son forfait.

Il lui ressouvint[2] du jour où Iseut la Blonde lui avait donné cet anneau : c'était dans la forêt, où, pour lui, elle avait mené l'âpre vie. Et, couché auprès de l'autre Iseut, il revit la hutte du Morois. Par quelle forsennerie[3] avait-il en son cœur accusé son amie de trahison ? Non, elle souffrait pour lui toute misère, et lui seul l'avait trahie.

Mais il prenait aussi en compassion[4] Iseut, sa femme, la simple, la belle. Les deux Iseut l'avaient aimé à la male heure. À toutes les deux il avait menti sa foi[5].

Pourtant, Iseut aux Blanches Mains s'étonnait de l'entendre soupirer, étendu à ses côtés. Elle lui dit enfin, un peu honteuse :

« Cher seigneur, vous ai-je offensé en quelque chose ? Pourquoi ne me donnez-vous pas un seul baiser ? Dites-le-moi, que je connaisse mon tort, et je vous en ferai belle amendise[6], si je puis.

– Amie, dit Tristan, ne vous courroucez pas, mais j'ai fait un vœu. Naguère, en un autre pays, j'ai combattu un dragon, et j'allais périr, quand je me suis souvenu de la Mère de Dieu : je lui ai promis que, délivré du monstre par sa courtoisie, si jamais je prenais femme, tout un an je m'abstiendrais de l'accoler[7] et de l'embrasser…

– Or donc, dit Iseut aux Blanches Mains, je le souffrirai bonnement. »

Mais quand les servantes, au matin, lui ajustèrent la guimpe des femmes épousées, elle sourit tristement, et songea qu'elle n'avait guère droit à cette parure.

1. Se rend compte.
2. Se rappela.
3. Folie.
4. Pitié.
5. Il avait été infidèle.
6. Vous en demanderai pardon.
7. La prendre dans mes bras.

XVI – Kaherdin

À quelques jours de là, le duc Hoël, son sénéchal et tous ses veneurs, Tristan, Iseut aux Blanches Mains et Kaherdin sortirent ensemble du château pour chasser en forêt. Sur une route étroite, Tristan chevauchait à la gauche de Kaherdin, qui de sa main droite retenait par les rênes le palefroi d'Iseut aux Blanches Mains. Or, le palefroi buta dans une flaque d'eau. Son sabot fit rejaillir l'eau si fort sous les vêtements d'Iseut qu'elle en fut toute mouillée et sentit la froidure plus haute que son genou. Elle jeta un cri léger, et d'un coup d'éperon enleva son cheval en riant d'un rire si haut et si clair que Kaherdin, poignant[8] après elle et l'ayant rejointe, lui demanda :

« Belle sœur, pourquoi riez-vous ?

– Pour un penser[9] qui me vint, beau frère. Quand cette eau a jailli vers moi, je lui ai dit : “Eau, tu es plus hardie que ne fut jamais le hardi Tristan !” C'est de quoi j'ai ri. Mais déjà j'ai trop parlé, frère, et m'en repens. »

Kaherdin, étonné, la pressa si vivement qu'elle lui dit enfin la vérité de ses noces. Alors Tristan les rejoignit, et tous trois chevauchèrent en silence jusqu'à la maison de chasse. Là, Kaherdin appela Tristan à parlement[10] et lui dit :

« Sire Tristan, ma sœur m'a avoué la vérité de ses noces. Je vous tenais à pair et à compagnon[11]. Mais vous avez faussé votre foi et honni[12] ma parenté. Désormais, si vous ne me faites droit[13], sachez que je vous défie. »

8. Éperonnant son cheval.
9. Pensée (autrefois masculin).
10. Pour une conversation.
11. Pour mon pair et mon ami.
12. Déshonoré.
13. Si vous ne reconnaissez pas vos torts.

Tristan lui répondit :

« Oui, je suis venu parmi vous pour votre malheur. Mais apprends ma misère, beau doux ami, frère et compagnon, et peut-être ton cœur s'apaisera. Sache que j'ai une autre Iseut, plus belle que toutes les femmes, qui a souffert et qui souffre encore pour moi maintes peines. Certes, ta sœur m'aime et m'honore ; mais, pour l'amour de moi, l'autre Iseut traite à plus d'honneur[1] encore que ta sœur ne me traite un chien que je lui ai donné. Viens ; quittons cette chasse, suis-moi où je te mènerai ; je te dirai la misère de ma vie. »

Tristan tourna bride et brocha son cheval. Kaherdin poussa le sien sur ses traces. Sans une parole, ils coururent jusqu'au plus profond de la forêt. Là, Tristan dévoila sa vie à Kaherdin. Il dit comment, sur la mer, il avait bu l'amour et la mort ; il dit la traîtrise des barons et du nain, la reine menée au bûcher, livrée aux lépreux, et leurs amours dans la forêt sauvage ; comment il l'avait rendue au roi Marc, et comment, l'ayant fuie, il avait voulu aimer Iseut aux Blanches Mains ; comment il savait désormais qu'il ne pouvait vivre ni mourir sans la reine.

Kaherdin se tait et s'étonne. Il sent sa colère qui, malgré lui, s'apaise.

« Ami, dit-il enfin, j'entends merveilleuses[2] paroles, et vous avez ému mon cœur à pitié : car vous avez enduré telles peines dont Dieu garde chacun et chacune ! Retournons vers Carhaix : au troisième jour, si je puis, je vous dirai ma pensée. »

En sa chambre, à Tintagel, Iseut la Blonde soupire à cause de Tristan qu'elle appelle. L'aimer toujours, elle n'a

1. Traite mieux.
2. Étonnantes.

d'autre penser, d'autre espoir, d'autre vouloir. En lui est tout son désir, et depuis deux années elle ne sait rien de lui. Où est-il ? En quel pays ? Vit-il seulement ?

En sa chambre, Iseut la Blonde est assise, et fait un triste lai d'amour. Elle dit comment Guron fut surpris et tué pour l'amour de la dame qu'il aimait sur toute chose, et comment par ruse le comte donna le cœur de Guron à manger à sa femme, et la douleur de celle-ci.

La reine chante doucement ; elle accorde sa voix à la harpe. Les mains sont belles, le lai bon, le ton bas et douce la voix.

Or, survient Kariado, un riche comte d'une île lointaine. Il était venu à Tintagel pour offrir à la reine son service, et, plusieurs fois depuis le départ de Tristan, il l'avait requise d'amour. Mais la reine rebutait sa requête[3], et la tenait à folie. Il était beau chevalier, orgueilleux et fier, bien emparlé[4], mais il valait mieux dans les chambres des dames qu'en bataille. Il trouva Iseut, qui faisait son lai. Il lui dit en riant :

« Dame, quel triste chant, triste comme celui de l'orfraie[5] ! Ne dit-on pas que l'orfraie chante pour annoncer la mort ? C'est ma mort sans doute qu'annonce votre lai : car je meurs pour l'amour de vous !

– Soit, lui dit Iseut. Je veux bien que mon chant signifie votre mort, car jamais vous n'êtes venu céans sans m'apporter une nouvelle douloureuse. C'est vous qui toujours avez été orfraie ou chat-huant[6] pour médire de Tristan. Aujourd'hui, quelle male[7] nouvelle me direz-vous encore ? »

3. Repoussait sa demande.
4. Beau parleur.
5. Oiseau de proie.
6. Sorte de hibou.
7. Mauvaise.

Kariado lui répondit :

« Reine, vous êtes irritée, et je ne sais de quoi ; mais bien fou qui s'émeut de vos dires ! Quoi qu'il advienne de la mort que m'annonce l'orfraie, voici donc la male nouvelle que vous apporte le chat-huant : Tristan, votre ami, est perdu pour vous, dame Iseut. Il a pris femme en autre terre. Désormais, vous pourrez vous pourvoir[1] ailleurs, car il dédaigne votre amour. Il a pris femme à grand honneur, Iseut aux Blanches Mains, la fille du duc de Bretagne. »

Kariado s'en va, courroucé. Iseut la Blonde baisse la tête et commence à pleurer.

Au troisième jour, Kaherdin appelle Tristan :

« Ami, j'ai pris conseil en mon cœur. Oui, si vous m'avez dit la vérité, la vie que vous menez en cette terre est forsennerie[2] et folie, et nul bien n'en peut venir ni pour vous, ni pour ma sœur Iseut aux Blanches Mains. Donc entendez mon propos. Nous voguerons ensemble vers Tintagel : vous reverrez la reine, et vous éprouverez si toujours elle vous regrette et vous porte foi. Si elle vous a oublié, peut-être alors aurez-vous plus chère[3] Iseut ma sœur, la simple, la belle. Je vous suivrai : ne suis-je pas votre pair et votre compagnon ?

– Frère, dit Tristan, on dit bien : le cœur d'un homme vaut tout l'or d'un pays. »

Bientôt Tristan et Kaherdin prirent le bourdon[4] et la chape des pèlerins, comme s'ils voulaient visiter les corps saints en terre lointaine. Ils prirent congé du duc Hoël. Tristan emmenait Gorvenal, et Kaherdin un seul écuyer. Secrètement ils équipèrent une nef, et tous quatre ils voguèrent vers la Cornouailles.

1. Prendre un autre amant.
2. Tromperie.
3. Chérirez-vous plus.
4. Bâton.

Le vent leur fut léger et bon, tant qu'ils atterrirent un matin, avant l'aurore, non loin de Tintagel, dans une crique déserte, voisine du château de Lidan. Là, sans doute, Dinas de Lidan, le bon sénéchal, les hébergerait et saurait cacher leur venue.

Au petit jour, les quatre compagnons montaient vers Lidan, quand ils virent venir derrière eux un homme qui suivait la même route au petit pas de son cheval. Ils se jetèrent sous bois, et l'homme passa sans les voir, car il sommeillait en selle. Tristan le reconnut :

« Frère, dit-il tout bas à Kaherdin, c'est Dinas de Lidan lui-même. Il dort. Sans doute il revient de chez son amie et rêve encore d'elle : il ne serait pas courtois[5] de l'éveiller, mais suis-moi de loin. »

Il rejoignit Dinas, prit doucement son cheval par la bride, et chemina sans bruit à ses côtés. Enfin, un faux pas du cheval réveilla le dormeur. Il ouvre les yeux, voit Tristan, hésite.

« C'est toi, c'est toi, Tristan ! Dieu bénisse l'heure où je te revois : je l'ai si longtemps attendue !

– Ami, Dieu vous sauve ! Quelles nouvelles me direz-vous de la reine ?

– Hélas ! de dures nouvelles. Le roi la chérit et veut lui faire fête ; mais depuis ton exil elle languit et pleure pour toi. Ah ! pourquoi revenir près d'elle ? Veux-tu chercher encore ta mort et la sienne ? Tristan, aie pitié de la reine, laisse-la à son repos !

– Ami, dit Tristan, octroyez-moi un don : cachez-moi à Lidan, portez-lui mon message et faites que je la revoie une fois, une seule fois ! »

5. Poli.

Dinas répondit :

« J'ai pitié de ma dame, et ne veux faire ton message que si je sais qu'elle t'est restée chère par-dessus toutes les femmes.

– Ah ! sire, dites-lui qu'elle m'est restée chère par-dessus toutes les femmes, et ce sera vérité.

– Or donc, suis-moi, Tristan : je t'aiderai en ton besoin. »

À Lidan, le sénéchal hébergea Tristan, Gorvenal, Kaherdin et son écuyer, et quand Tristan lui eut conté de point en point l'aventure de sa vie, Dinas s'en fut à Tintagel pour s'enquérir des nouvelles de la cour. Il apprit qu'à trois jours de là, la reine Iseut, le roi Marc, toute sa mesnie[1], tous ses écuyers et tous ses veneurs quitteraient Tintagel pour s'établir au château de la Blanche-Lande, où de grandes chasses étaient préparées. Alors Tristan confia au sénéchal son anneau de jaspe vert et le message qu'il devait redire à la reine.

XVII – Dinas de Lidan

Dinas retourna donc à Tintagel, monta les degrés[2] et entra dans la salle. Sous le dais, le roi Marc et Iseut la Blonde étaient assis à l'échiquier. Dinas prit place sur un escabeau[3] près de la reine, comme pour observer son jeu, et par deux fois, feignant[4] de lui désigner les pièces, il posa sa main sur l'échiquier : à la seconde fois, Iseut reconnut à son doigt l'anneau de jaspe. Alors, elle eut assez joué. Elle heurta légèrement le bras de Dinas, en telle guise[5] que plusieurs paonnets[6] tombèrent en désordre.

1. Maisonnée.
2. Marches d'escalier.
3. Siège de bois sans bras ni dossier.
4. Faisant semblant.
5. De telle sorte que.
6. Pions.

« Voyez, sénéchal, dit-elle, vous avez troublé mon jeu, et de telle sorte que je ne saurais le reprendre. »

Marc quitte la salle, Iseut se retire en sa chambre et fait venir le sénéchal auprès d'elle :

« Ami, vous êtes messager de Tristan ?

– Oui, reine, il est à Lidan, caché dans mon château.

– Est-il vrai qu'il ait pris femme en Bretagne ?

– Reine, on vous a dit la vérité. Mais il assure qu'il ne vous a point trahie ; que pas un seul jour il n'a cessé de vous chérir par-dessus toutes les femmes ; qu'il mourra, s'il ne vous revoit… une fois seulement : il vous semond[7] d'y consentir, par la promesse que vous lui fîtes le dernier jour où il vous parla. »

La reine se tut quelque temps, songeant à l'autre Iseut. Enfin, elle répondit :

« Oui, au dernier jour où il me parla, j'ai dit, il m'en souvient : "Si jamais je revois l'anneau de jaspe vert, ni tour, ni fort château, ni défense royale ne m'empêcheront de faire la volonté de mon ami, que ce soit sagesse ou folie…"

– Reine, à deux jours d'ici, la cour doit quitter Tintagel pour gagner la Blanche-Lande ; Tristan vous mande qu'il sera caché sur la route, dans un fourré d'épines. Il vous mande que vous le preniez en pitié.

– Je l'ai dit : ni tour, ni fort château, ni défense royale ne m'empêcheront de faire la volonté de mon ami. »

Le surlendemain, tandis que toute la cour de Marc s'apprêtait au départ de Tintagel, Tristan et Gorvenal, Kaherdin et son écuyer revêtirent le haubert, prirent leurs épées et leurs écus et, par des chemins secrets, se mirent à la voie[8] vers le lieu désigné. À travers la forêt, deux routes

7. Demande.
8. Se mirent en route.

conduisaient vers la Blanche-Lande : l'une belle et bien ferrée[1], par où devait passer le cortège, l'autre pierreuse et abandonnée. Tristan et Kaherdin apostèrent[2] sur celle-ci leurs deux écuyers ; ils les attendraient en ce lieu, gardant leurs chevaux et leurs écus. Eux-mêmes se glissèrent sous bois et se cachèrent dans un fourré. Devant ce fourré, sur la route, Tristan déposa une branche de coudrier où s'enlaçait un brin de chèvrefeuille.

Bientôt, le cortège apparaît sur la route. C'est d'abord la troupe du roi Marc. Viennent en belle ordonnance les fourriers[3] et les maréchaux, les queux[4] et les échansons[5], viennent les chapelains, viennent les valets de chiens menant lévriers et brachets, puis les fauconniers[6] portant les oiseaux sur le poing gauche, puis les veneurs, puis les chevaliers et les barons ; ils vont leur petit train, bien arrangés deux par deux, et il fait beau les voir, richement montés sur chevaux harnachés de velours semé d'orfèvrerie. Puis le roi Marc passa, et Kaherdin s'émerveillait de voir ses privés[7] autour de lui, deux deçà et deux delà, habillés tous de drap d'or ou d'écarlate.

Alors s'avance le cortège de la reine. Les lavandières et les chambrières viennent en tête, ensuite les femmes et les filles des barons et des comtes. Elles passent une à une ; un jeune chevalier escorte chacune d'elles. Enfin approche un palefroi[8] monté par la plus belle que Kaherdin ait jamais vue de ses yeux : elle est bien faite de corps et de visage, les hanches un peu basses, les sourcils bien tracés, les yeux riants, les dents menues ; une robe de rouge samit la couvre ; un mince chapelet d'or et de pierreries pare son front poli[9].

1. Entretenue.
2. Placèrent.
3. Intendants.
4. Cuisiniers.
5. Serviteurs qui s'occupent des boissons.
6. Dresseurs et maîtres des faucons utilisés pour la chasse.
7. Proches.
8. Cheval docile réservé aux dames.
9. Lisse.

« C'est la reine, dit Kaherdin à voix basse.

– La reine ? dit Tristan ; non, c'est Camille, sa servante. »

Alors s'en vient, sur un palefroi vair, une autre damoiselle, plus blanche que neige en février, plus vermeille que rose ; ses yeux clairs frémissent comme l'étoile dans la fontaine.

« Or, je la vois, c'est la reine ! dit Kaherdin.

– Eh ! non, dit Tristan, c'est Brangien la Fidèle. »

Mais la route s'éclaira tout à coup, comme si le soleil ruisselait soudain à travers les feuillages des grands arbres, et Iseut la Blonde apparut. Le duc Andret, que Dieu honnisse ! chevauchait à sa droite.

À cet instant, partirent du fourré d'épines des chants de fauvettes et d'alouettes, et Tristan mettait en ces mélodies toute sa tendresse. La reine a compris le message de son ami. Elle remarque sur le sol la branche de coudrier où le chèvrefeuille s'enlace fortement, et songe en son cœur : « Ainsi va de nous, ami ; ni vous sans moi, ni moi sans vous. » Elle arrête son palefroi, descend, vient vers une haquenée[10] qui portait une niche enrichie de pierreries ; là, sur un tapis de pourpre, était couché le chien Petit-Crû : elle le prend entre ses bras, le flatte de la main, le caresse de son manteau d'hermine, lui fait mainte fête. Puis, l'ayant replacé dans sa châsse[11], elle se tourne vers le fourré d'épines et dit à voix haute :

« Oiseaux de ce bois, qui m'avez réjouie de vos chansons, je vous prends à louage[12]. Tandis que mon seigneur Marc chevauchera jusqu'à la Blanche-Lande, je veux séjourner dans mon château de Saint-Lubin. Oiseaux,

Le lai du coudrier et du chèvrefeuille

Allusion au *Lai du chèvrefeuille* de Marie de France, poétesse de la seconde moitié du XIIe siècle qui raconte un épisode des amours de Tristan et Iseut en développant la métaphore filée du coudrier et du chèvrefeuille enlacés (voir p. 183). ■

10. Jument.

11. Son coffret.

12. Je vous remercie.

faites-moi cortège jusque-là ; ce soir, je vous récompenserai richement, comme de bons ménestrels[1]. »

Tristan retint ses paroles et se réjouit. Mais déjà Andret le Félon s'inquiétait. Il remit la reine en selle, et le cortège s'éloigna.

Or, écoutez une male aventure. Dans le temps où passait le cortège royal, là-bas, sur l'autre route où Gorvenal et l'écuyer de Kaherdin gardaient les chevaux de leurs seigneurs, survint un chevalier en armes, nommé Bleheri. Il reconnut de loin Gorvenal et l'écu de Tristan : « Qu'ai-je vu ? pensa-t-il ; c'est Gorvenal et cet autre est Tristan lui-même. » Il éperonna son cheval vers eux et cria : « Tristan ! » Mais déjà les deux écuyers avaient tourné bride et fuyaient. Bleheri, lancé à leur poursuite, répétait :

« Tristan, arrête, je t'en conjure par ta prouesse[2] ! »

Mais les écuyers ne se retournèrent pas. Alors Bleheri cria :

« Tristan, arrête, je t'en conjure par le nom d'Iseut la Blonde[3] ! »

Trois fois il conjura les fuyards par le nom d'Iseut la Blonde. Vainement : ils disparurent, et Bleheri ne put atteindre qu'un de leurs chevaux, qu'il emmena comme sa capture. Il parvint au château de Saint-Lubin au moment où la reine venait de s'y héberger. Et, l'ayant trouvée seule, il lui dit :

« Reine, Tristan est dans ce pays. Je l'ai vu sur la route abandonnée qui vient de Tintagel. Il a pris la fuite. Trois fois je lui ai crié de s'arrêter, le conjurant au nom d'Iseut la Blonde ; mais il avait pris peur, il n'a pas osé m'attendre.

1. Artistes poètes.
2. Je t'en prie par ta vaillance.
3. Au nom d'Iseut la Blonde.

– Beau sire, vous dites mensonge et folie : comment Tristan serait-il en ce pays ? Comment aurait-il fui devant vous ? Comment ne se serait-il pas arrêté, conjuré par mon nom ?

– Pourtant, dame, je l'ai vu, à telles enseignes[4] que j'ai pris l'un de ses chevaux. Voyez-le tout harnaché, là-bas, sur l'aire. »

Mais Bleheri vit Iseut courroucée. Il en eut deuil[5], car il aimait Tristan et la reine. Il la quitta, regrettant d'avoir parlé.

Alors, Iseut pleura et dit : « Malheureuse ! j'ai trop vécu, puisque j'ai vu le jour où Tristan me raille[6] et me honnit ! Jadis, conjuré par mon nom, quel ennemi n'aurait-il pas affronté ? Il est hardi de son corps : s'il a fui devant Bleheri, s'il n'a pas daigné s'arrêter au nom de son amie, ah ! c'est que l'autre Iseut le possède ! Pourquoi est-il revenu ? Il m'avait trahie, il a voulu me honnir par surcroît [7] ! N'avait-il pas assez de mes tourments anciens ? Qu'il s'en retourne donc, honni à son tour, vers Iseut aux Blanches Mains ! »

Elle appela Perinis le Fidèle, et lui redit les nouvelles que Bleheri lui avait portées. Elle ajouta :

« Ami, cherche Tristan sur la route abandonnée qui va de Tintagel à Saint-Lubin. Tu lui diras que je ne le salue pas, et qu'il ne soit pas si hardi que d'oser[8] approcher de moi, car je le ferais chasser par les sergents et les valets. »

Perinis se mit en quête, tant qu'il trouva Tristan et Kaherdin. Il leur fit le message de la reine.

4. C'est si vrai que.
5. Grand chagrin.
6. Se moque de moi.
7. En plus.
8. Et qu'il n'essaie pas d'.

« Frère, s'écria Tristan, qu'as-tu dit ? Comment aurais-je fui devant Bleheri, puisque, tu le vois, nous n'avons pas même nos chevaux ? Gorvenal et un écuyer les gardaient, nous ne les avons pas retrouvés au lieu désigné, et nous les cherchons encore. »

À cet instant revinrent Gorvenal et l'écuyer de Kaherdin : ils confessèrent leur aventure.

« Perinis, beau doux ami, dit Tristan, retourne en hâte[1] vers ta dame. Dis-lui que je lui envoie salut et amour, que je n'ai pas failli à la loyauté que je lui dois, qu'elle m'est chère par-dessus toutes les femmes ; dis-lui qu'elle te renvoie vers moi me porter sa merci[2] ; j'attendrai ici que tu reviennes. »

Perinis retourna donc vers la reine et lui redit ce qu'il avait vu et entendu. Mais elle ne le crut pas :

« Ah ! Perinis, tu étais mon privé et mon fidèle, et mon père t'avait destiné, tout enfant, à me servir. Mais Tristan l'enchanteur t'a gagné par ses mensonges et ses présents. Toi aussi, tu m'as trahie ; va-t'en ! »

Perinis s'agenouilla devant elle :

« Dame, j'entends paroles dures. Jamais je n'eus telle peine en ma vie. Mais peu me chaut[3] de moi : j'ai deuil pour vous, dame, qui faites outrage à mon seigneur Tristan, et qui trop tard en aurez regret[4].

– Va-t'en, je ne te crois pas ! Toi aussi, Perinis, Perinis le Fidèle, tu m'as trahie ! »

Tristan attendit longtemps que Perinis lui portât le pardon de la reine. Perinis ne vint pas.

Au matin, Tristan s'atourne[5] d'une grande chape en lambeaux[6]. Il peint par places son visage de vermillon et de brou de noix[7], en sorte qu'il ressemble à un malade

1. Rapidement.
2. Son pardon.
3. Peu m'importe.
4. Trop tard le regretterez.
5. S'habille.
6. D'un manteau déchiré.
7. Colorant marron foncé extrait des noix.

rongé par la lèpre. Il prend en ses mains un hanap[8] de bois veiné à recueillir les aumônes, et une crécelle de ladre[9].

Il entre dans les rues de Saint-Lubin, et, muant[10] sa voix, mendie à tous venants. Pourra-t-il seulement apercevoir la reine ?

Elle sort enfin du château ; Brangien et ses femmes, ses valets et ses sergents l'accompagnent. Elle prend la voie qui mène à l'église. Le lépreux suit les valets, fait sonner sa crécelle, supplie à voix dolente :

« Reine, faites-moi quelque bien ; vous ne savez pas comme je suis besogneux[11] ! »

À son beau corps, à sa stature, Iseut l'a reconnu. Elle frémit toute, mais ne daigne baisser son regard vers lui. Le lépreux l'implore, et c'est pitié de l'ouïr ; il se traîne après elle :

« Reine, si j'ose approcher de vous, ne vous courroucez pas ; ayez pitié de moi, je l'ai bien mérité ! »

Mais la reine appelle les valets et les sergents :

« Chassez ce ladre ! » leur dit-elle.

Les valets le repoussent, le frappent. Il leur résiste, et s'écrie :

« Reine, ayez pitié ! »

Alors Iseut éclata de rire. Son rire sonnait encore quand elle entra dans l'église. Quand il l'entendit rire, le lépreux s'en alla. La reine fit quelques pas dans la nef du moutier, mais ses membres fléchirent ; elle tomba sur les genoux, puis sa tête se renversa en arrière et buta contre les dalles.

Le même jour, Tristan prit congé de Dinas, à tel déconfort[12] qu'il semblait avoir perdu le sens, et sa nef appareilla[13] pour la Bretagne.

8. Une coupe.
9. Lépreux.
10. Déformant.
11. Dans le besoin.
12. Désespoir.
13. Partit.

Hélas ! bientôt la reine se repentit. Quand elle sut par Dinas de Lidan que Tristan était parti à tel deuil, elle se prit à croire que Perinis lui avait dit la vérité ; que Tristan n'avait pas fui, conjuré par son nom ; qu'elle l'avait chassé à grand tort. « Quoi ! pensait-elle, je vous ai chassé, vous, Tristan, ami ! Vous me haïssez désormais, et jamais je ne vous reverrai. Jamais vous n'apprendrez seulement mon repentir, ni quel châtiment je veux m'imposer et vous offrir comme un gage menu de mon remords ! »

De ce jour, pour se punir de son erreur et de sa folie, Iseut la Blonde revêtit un cilice[1] et le porta contre sa chair.

XVIII – Tristan fou

Tristan revit la Bretagne, Carhaix, le duc Hoël et sa femme Iseut aux Blanches Mains. Tous lui firent accueil, mais Iseut la Blonde l'avait chassé : rien ne lui était plus[2]. Longuement, il languit loin d'elle ; puis, un jour, il songea qu'il voulait la revoir, dût-elle le faire encore battre vilement[3] par ses sergents et ses valets. Loin d'elle, il savait sa mort sûre et prochaine ; plutôt mourir d'un coup que lentement, chaque jour ! Qui vit à douleur est tel qu'un mort. Tristan désire la mort, il veut la mort : mais que la reine apprenne du moins qu'il a péri pour l'amour d'elle ; qu'elle l'apprenne, il mourra plus doucement.

Il partit de Carhaix sans avertir personne, ni ses parents, ni ses amis, ni même Kaherdin, son cher compagnon. Il partit misérablement vêtu, à pied : car nul ne

1. Chemise ou large ceinture en crin portée à même la peau par pénitence.
2. Rien n'avait plus d'importance pour lui.
3. Honteusement.

Chapitre XVIII

prend garde aux pauvres truands[4] qui cheminent sur les grandes routes. Il marcha tant qu'il atteignit le rivage de la mer.

Au port, une grande nef marchande appareillait : déjà les mariniers halaient[5] la voile et levaient l'ancre pour cingler vers la haute mer.

« Dieu vous garde, seigneurs, et puissiez-vous naviguer heureusement ! Vers quelle terre irez-vous ?

– Vers Tintagel.

– Vers Tintagel ! Ah ! seigneurs, emmenez-moi ! »

Il s'embarque. Un vent propice gonfle la voile, la nef court sur les vagues. Cinq nuits et cinq jours elle vogua droit vers la Cornouailles, et le sixième jour jeta l'ancre dans le port de Tintagel.

Au-delà du port, le château se dressait sur la mer, bien clos de toutes parts : on n'y pouvait entrer que par une seule porte de fer, et deux prud'hommes la gardaient jour et nuit. Comment y pénétrer ?

Tristan descendit de la nef et s'assit sur le rivage. Il apprit d'un homme qui passait que Marc était au château et qu'il venait d'y tenir une grande cour[6].

« Mais où est la reine ? et Brangien, sa belle servante ?

– Elles sont aussi à Tintagel, et récemment je les ai vues : la reine Iseut semblait triste, comme à son ordinaire. »

Au nom d'Iseut, Tristan soupira et songea que, ni par ruse, ni par prouesse, il ne réussira à revoir son amie : car le roi Marc le tuerait…

« Mais qu'importe qu'il me tue ? Iseut, ne dois-je pas mourir pour l'amour de vous ? Et que fais-je chaque jour, sinon mourir ? Mais vous pourtant, Iseut, si vous me

Le fou du roi

Au Moyen Âge, la folie tient une place importante ; on craint les fous, mais on les considère aussi comme porteurs de connaissances car ils pensent autrement que le commun des mortels. C'est pourquoi, dès le XIe siècle, on en voit à la cour des princes : ce sont soit des monstres, soit de vrais fous, soit des comédiens qui divertissent par des jeux de mots (devinettes, plaisanteries). Ils ont une très grande liberté de paroles qui leur permet de faire des remontrances aux puissants. ■

4. Vagabonds.
5. Levaient.
6. Assemblée.

saviez ici, daigneriez-vous seulement parler à votre ami ? Ne me feriez-vous pas chasser par vos sergents ? Oui, je veux tenter une ruse… je me déguiserai en fou, et cette folie sera grande sagesse. Tel me tiendra pour assoté[1] qui sera moins sage que moi, tel me croira fou qui aura plus fou dans sa maison. »

Un pêcheur s'en venait, vêtu d'une gonelle[2] de bure velue[3], à grand chaperon[4]. Tristan le voit, lui fait un signe, le prend à l'écart.

« Ami, veux-tu troquer tes draps contre les miens ? Donne-moi ta cotte, qui me plaît fort. »

Le pêcheur regarda les vêtements de Tristan, les trouva meilleurs que les siens, les prit aussitôt et s'en alla bien vite, heureux de l'échange.

Alors Tristan tondit sa belle chevelure blonde, au ras de la tête, en y dessinant une croix. Il enduisit sa face d'une liqueur faite d'une herbe magique apportée de son pays, et aussitôt sa couleur et l'aspect de son visage muèrent si étrangement que nul homme au monde n'aurait pu le reconnaître. Il arracha d'une haie une pousse de châtaignier, s'en fit une massue et la pendit à son cou ; les pieds nus, il marcha droit vers le château.

Le portier crut qu'assurément il était fou, et lui dit :

« Approchez ; où donc êtes-vous resté si longtemps ? »

Tristan contrefit[5] sa voix et répondit :

« Aux noces de l'abbé du Mont, qui est de mes amis. Il a épousé une abbesse, une grosse dame voilée. De Besançon jusqu'au Mont tous les prêtres, abbés, moines et clercs ordonnés ont été mandés à ces épousailles : et tous sur la lande, portant bâtons et crosses, sautent, jouent et dansent

? À votre Avis

Tristan :

- ☐ fait semblant d'être fou ?
- ☐ est pris pour un fou ?
- ☐ est totalement fou ?

1. Fou.
2. Tunique.
3. Tissu grossier à poils.
4. Capuchon.
5. Changea.

à l'ombre des grands arbres. Mais je les ai quittés pour venir ici : car je dois aujourd'hui servir à la table du roi. »

Le portier lui dit :

« Entrez donc, seigneur, fils d'Urgan le Velu ; vous êtes grand et velu comme lui, et vous ressemblez assez à votre père. »

Quand il entra dans le bourg, jouant de sa massue, valets et écuyers s'amassèrent[6] sur son passage, le pourchassant comme un loup :

« Voyez le fol ! hu ! hu ! et hu ! »

Ils lui lancent des pierres, l'assaillent de leurs bâtons ; mais il leur tient tête en gambadant et se laisse faire : si on l'attaque à sa gauche, il se retourne et frappe à sa droite.

Au milieu des rires et des huées, traînant après lui la foule ameutée[7], il parvint au seuil de la porte où, sous le dais, aux côtés de la reine, le roi Marc était assis. Il approcha de la porte, pendit la massue à son cou et entra. Le roi le vit et dit :

« Voilà un beau compagnon ; faites-le approcher. »

On l'amène, la massue au cou :

« Ami, soyez le bienvenu ! »

Tristan répondit, de sa voix étrangement contrefaite :

« Sire, bon et noble entre tous les rois, je le savais, qu'à votre vue mon cœur se fondrait de tendresse. Dieu vous protège, beau sire !

– Ami, qu'êtes-vous venu quérir céans ?

– Iseut, que j'ai tant aimée. J'ai une sœur que je vous amène, la très belle Brunehaut. La reine vous ennuie, essayez de celle-ci : faisons l'échange, je vous donne ma sœur, baillez-moi[8] Iseut ; je la prendrai et vous servirai par amour. »

6. Se réunirent.
7. Rassemblée.
8. Donnez-moi.

Le roi s'en rit et dit au fou :

« Si je te donne la reine, qu'en voudras-tu faire ? Où l'emmèneras-tu ?

– Là-haut, entre le ciel et la nue[1], dans ma belle maison de verre. Le soleil la traverse de ses rayons, les vents ne peuvent l'ébranler ; j'y porterai la reine en une chambre de cristal, toute fleurie de roses, toute lumineuse au matin quand le soleil la frappe. »

Le roi et ses barons se dirent entre eux :

« Voilà un bon fou, habile en paroles ! »

Il s'était assis sur un tapis et regardait tendrement Iseut.

« Ami, lui dit Marc, d'où te vient l'espoir que ma dame prendra garde[2] à un fou hideux comme toi.

– Sire, j'y ai bien droit : j'ai accompli pour elle maint travail, et c'est par elle que je suis devenu fou.

– Qui donc es-tu ?

– Je suis Tristan, celui qui a tant aimé la reine, et qui l'aimera jusqu'à la mort. »

À ce nom, Iseut soupira, changea de couleur et, courroucée, lui dit :

« Va-t'en ! Qui t'a fait entrer céans ? Va-t'en, mauvais fou ! »

Le fou remarqua sa colère et dit :

« Reine Iseut, ne vous souvient-il pas du jour, où, navré par l'épée empoisonnée du Morholt, emportant ma harpe sur la mer, j'ai été poussé vers vos rivages ? Vous m'avez guéri. Ne vous en souvient-il plus, reine ? »

Iseut répondit :

« Va-t'en d'ici, fou ; ni tes jeux ne me plaisent, ni toi. »

1. Les nuages.
2. Prêtera attention.

Aussitôt, le fou se retourna vers les barons, les chassa vers la porte en criant :

« Folles gens, hors d'ici ! Laissez-moi seul tenir conseil avec Iseut ; car je suis venu céans pour l'aimer. »

Le roi s'en rit, Iseut rougit :

« Sire, chassez ce fou ! »

Mais le fou reprit, de sa voix étrange :

« Reine Iseut, ne vous souvient-il pas du grand dragon que j'ai occis en votre terre ? J'ai caché sa langue dans ma chausse, et, tout brûlé par son venin, je suis tombé près du marécage. J'étais alors un merveilleux chevalier ! et j'attendais la mort, quand vous m'avez secouru. »

Iseut répond :

« Tais-toi, tu fais injure aux chevaliers, car tu n'es qu'un fou de naissance. Maudits soient les mariniers qui t'apportèrent ici, au lieu de te jeter à la mer ! »

Le fou éclata de rire et poursuivit :

« Reine Iseut, ne vous souvient-il pas du bain où vous vouliez me tuer de mon épée ? et du conte du cheveu d'or qui vous apaisa ? et comment je vous ai défendue contre le sénéchal couard ?

– Taisez-vous, méchant conteur ! Pourquoi venez-vous ici débiter vos songeries ? Vous étiez ivre hier soir sans doute, et l'ivresse vous a donné ces rêves.

– C'est vrai, je suis ivre, et de telle boisson que jamais cette ivresse ne se dissipera. Reine Iseut, ne vous souvient-il pas de ce jour si beau, si chaud, sur la haute mer ? Vous aviez soif, ne vous en souvient-il pas, fille de roi ? Nous bûmes tous deux au même hanap. Depuis, j'ai toujours été ivre, et d'une mauvaise ivresse… »

Quand Iseut entendit ces paroles qu'elle seule pouvait comprendre, elle se cacha la tête dans son manteau, se leva et voulut s'en aller. Mais le roi la retint par sa chape d'hermine et la fit rasseoir à ses côtés :

« Attendez un peu, Iseut, amie, que nous entendions ces folies jusqu'au bout. Fou, quel métier sais-tu faire ?

– J'ai servi des rois et des comtes.

– En vérité, sais-tu chasser aux chiens ? aux oiseaux[1] ?

– Certes, quand il me plaît, de chasser en forêt, je sais prendre, avec mes lévriers, les grues qui volent dans les nuées ; avec mes limiers, les cygnes, les oies bises[2] ou blanches, les pigeons sauvages ; avec mon arc, les plongeons[3] et les butors[4] ! »

Tous s'en rirent bonnement[5], et le roi demanda :

« Et que prends-tu, frère, quand tu chasses au gibier de rivière ?

– Je prends tout ce que je trouve : avec mes autours[6], les loups des bois et les grands ours ; avec mes gerfauts[7], les sangliers ; avec mes faucons, les chevreuils et les daims ; les renards, avec mes éperviers ; les lièvres, avec mes émerillons[8]. Et quand je rentre chez qui m'héberge, je sais bien jouer de la massue, partager les tisons[9] entre les écuyers, accorder ma harpe et chanter en musique, et aimer les reines, et jeter par les ruisseaux des copeaux bien taillés. En vérité, ne suis-je pas bon ménestrel ? Aujourd'hui, vous avez vu comme je sais m'escrimer du bâton[10]. »

Et il frappe de sa massue autour de lui.

« Allez-vous-en d'ici, crie-t-il, seigneurs cornouaillais ! Pourquoi rester encore ? N'avez-vous pas déjà mangé ? N'êtes-vous pas repus[11] ? »

1. Avec les chiens, avec les faucons.
2. Beiges.
3. Oiseaux aquatiques.
4. Oiseaux qui vivent dans les marécages.
5. Fort.
6. Faucons.
7. Autre sorte de faucons.
8. Autre sorte de faucons.
9. Morceaux de bois à demi brûlés.
10. Faire de l'escrime avec mon bâton.
11. Rassasiés.

Le roi, s'étant diverti du fou, demanda son destrier et ses faucons et emmena en chasse chevaliers et écuyers.

« Sire, lui dit Iseut, je me sens lasse et dolente[12]. Permettez que j'aille reposer dans ma chambre ; je ne puis écouter plus longtemps ces folies. »

Elle se retira toute pensive en sa chambre, s'assit sur son lit, et mena grand deuil :

« Chétive ! pourquoi suis-je née ? J'ai le cœur lourd et marri[13]. Brangien, chère sœur, ma vie est si âpre et si dure que mieux me vaudrait la mort ! Il y a là un fou, tondu en croix, venu céans à la male heure : ce fou, ce jongleur est chanteur ou devin, car il sait de point en point mon être et ma vie ; il sait des choses que nul ne sait, hormis vous, moi et Tristan ; il les sait, le truand, par enchantement et sortilège. »

Brangien répondit :

« Ne serait-ce pas Tristan lui-même ?

– Non, car Tristan est beau et le meilleur des chevaliers ; mais cet homme est hideux et contrefait[14]. Maudit soit-il de Dieu ! maudite soit l'heure où il est né, et maudite la nef qui l'apporta, au lieu de le noyer là-dehors, sous les vagues profondes !

– Apaisez-vous, dame, dit Brangien. Vous savez trop bien, aujourd'hui, maudire et excommunier[15] ! Où donc avez-vous appris un tel métier[16] ? Mais peut-être cet homme serait-il le messager de Tristan ?

– Je ne crois pas, je ne l'ai pas reconnu. Mais allez le trouver, belle amie, parlez-lui, voyez si vous le reconnaîtrez. »

12. Souffrante.
13. Blessé.
14. Difforme.
15. Exclure.
16. Une telle manière.

Brangien s'en fut vers la salle où le fou, assis sur un banc, était resté seul. Tristan la reconnut, laissa tomber sa massue et lui dit :

« Brangien, franche Brangien, je vous conjure par Dieu, ayez pitié de moi !

– Vilain fou, quel diable vous a enseigné mon nom ?

– Belle, dès longtemps je l'ai appris ! Par mon chef[1], qui naguère fut blond, si la raison s'est enfuie de cette tête, c'est vous, belle, qui en êtes cause. N'est-ce pas vous qui deviez garder le breuvage que je bus sur la haute mer ? J'en bus à la grande chaleur dans un hanap d'argent, et je le tendis à Iseut. Vous seule l'avez su, belle : ne vous en souvient-il plus ?

– Non ! » répondit Brangien, et, toute troublée, elle se rejeta vers la chambre d'Iseut ; mais le fou se précipita derrière elle criant : « Pitié ! »

Il entre, il voit Iseut, s'élance vers elle, les bras tendus, veut la serrer sur sa poitrine ; mais, honteuse, mouillée d'une sueur d'angoisse, elle se rejette en arrière, l'esquive[2] ; et, voyant qu'elle évite son approche, Tristan tremble de vergogne[3] et de colère, se recule vers la paroi, près de la porte ; et, de sa voix toujours contrefaite :

« Certes, dit-il, j'ai vécu trop longtemps, puisque j'ai vu le jour où Iseut me repousse, ne daigne m'aimer, me tient pour vil ! Ah ! Iseut, qui bien aime tard oublie ! Iseut, c'est une chose belle et précieuse qu'une source abondante qui s'épanche et court à flots larges et clairs ; le jour où elle se dessèche, elle ne vaut plus rien : tel un amour qui tarit[4]. »

1. Tête
2. L'évite.
3. Honte.
4. Meurt.

Iseut répondit :

« Frère, je vous regarde, je doute, je tremble, je ne sais, je ne reconnais pas Tristan.

– Reine Iseut, je suis Tristan, celui qui vous a tant aimée. Ne vous souvient-il pas du nain qui sema la farine entre nos lits ? et du bond que je fis et du sang qui coula de ma blessure ? et du présent que je vous adressai, le chien Petit-Crû au grelot magique ? Ne vous souvient-il pas des morceaux de bois bien taillés que je jetais au ruisseau ? »

Iseut le regarde, soupire, ne sait que dire et que croire, voit bien qu'il sait toutes choses, mais ce serait folie d'avouer qu'il est Tristan ; et Tristan lui dit :

« Dame reine, je sais bien que vous vous êtes retirée de moi[5] et je vous accuse de trahison. J'ai connu, pourtant, belle, des jours où vous m'aimiez d'amour. C'était dans la forêt profonde, sous la loge de feuillage. Vous souvient-il encore du jour où je vous donnai mon bon chien Husdent ? Ah ! celui-là m'a toujours aimé, et pour moi il quitterait Iseut la Blonde. Où est-il ? Qu'en avez-vous fait ? Lui, du moins, il me reconnaîtrait.

– Il vous reconnaîtrait ? Vous dites folie ; car, depuis que Tristan est parti, il reste là-bas, couché dans sa niche, et s'élance contre tout homme qui s'approche de lui. Brangien, amenez-le-moi. »

Brangien l'amène.

« Viens çà, Husdent, dit Tristan ; tu étais à moi, je te reprends. »

Quand Husdent entend sa voix, il fait voler sa laisse des mains de Brangien, court à son maître, se roule à ses pieds, lèche ses mains, aboie de joie.

5. Vous m'avez retiré votre amour.

« Husdent, s'écrie le fou, bénie soit, Husdent, la peine que j'ai mise à te nourrir ! Tu m'as fait meilleur accueil que celle que j'aimais tant. Elle ne veut pas me reconnaître : reconnaîtra-t-elle seulement cet anneau qu'elle me donna jadis, avec des pleurs et des baisers, au jour de la séparation ? Ce petit anneau de jaspe ne m'a guère quitté : souvent je lui ai demandé conseil dans mes tourments, souvent j'ai mouillé ce jaspe vert de mes chaudes larmes. »

Iseut a vu l'anneau. Elle ouvre ses bras tout grands :

« Me voici ! Prends-moi, Tristan ! »

Alors Tristan cessa de contrefaire sa voix :

« Amie, comment m'as-tu si longtemps pu méconnaître[1], plus longtemps que ce chien ? Qu'importe cet anneau ? Ne sens-tu pas qu'il m'aurait été plus doux d'être reconnu au seul rappel de nos amours passées ? Qu'importe le son de ma voix ? C'est le son de mon cœur que tu devais entendre.

– Ami, dit Iseut, peut-être l'ai-je entendu plus tôt que tu ne penses ; mais nous sommes enveloppés de ruses : devais-je, comme ce chien, suivre mon désir, au risque de te faire prendre et tuer sous mes yeux ? Je me gardais et je te gardais. Ni le rappel de ta vie passée, ni le son de ta voix, ni cet anneau même ne me prouvent rien, car ce peuvent être les jeux méchants d'un enchanteur. Je me rends pourtant, à la vue de l'anneau : n'ai-je pas juré que, sitôt que je le reverrais, dussé-je me perdre, je ferais toujours ce que tu me manderais, que ce fût sagesse ou folie ? Sagesse ou folie, me voici ; prends-moi, Tristan ! »

1. Ne pas me reconnaître.

Elle tomba pâmée[2] sur la poitrine de son ami. Quand elle revint à elle, Tristan la tenait embrassée et baisait ses yeux et sa face. Il entre avec elle sous la courtine. Entre ses bras il tient la reine.

Pour s'amuser du fou, les valets l'hébergèrent sous les degrés de la salle, comme un chien dans un chenil. Il endurait doucement leurs railleries et leurs coups, car parfois, reprenant sa forme et sa beauté, il passait de son taudis à la chambre de la reine.

Mais, après quelques jours écoulés, deux chambrières soupçonnèrent la fraude ; elles avertirent Andret, qui aposta[3] devant les chambres des femmes trois espions bien armés. Quand Tristan voulut franchir la porte :

« Arrière, fou, crièrent-ils, retourne te coucher sur ta botte de paille !

– Eh quoi ! beaux seigneurs, dit le fou, faut-il pas que j'aille ce soir embrasser la reine ? Ne savez-vous pas qu'elle m'aime et qu'elle m'attend ? »

Tristan brandit sa massue ; ils eurent peur et le laissèrent entrer. Il prit Iseut entre ses bras :

« Amie, il me faut fuir déjà, car bientôt je serais découvert. Il me faut fuir et jamais sans doute je ne reviendrai. Ma mort est prochaine : loin de vous, je mourrai de mon désir.

– Ami, ferme tes bras et accole-moi[4] si étroitement que, dans cet embrassement[5], nos deux cœurs se rompent et nos âmes s'en aillent ! Emmène-moi au pays fortuné dont tu parlais jadis : au pays dont nul ne retourne, où des musiciens insignes[6] chantent des chants sans fin. Emmène-moi !

2. Évanouie.
3. Plaça.
4. Embrasse-moi.
5. Embrassade.
6. Merveilleux.

– Oui, je t'emmènerai au pays fortuné des Vivants[1]. Le temps approche ; n'avons-nous pas bu déjà toute misère et toute joie ? Le temps approche ; quand il sera tout accompli, si je t'appelle, Iseut, viendras-tu ?

– Ami, appelle-moi, tu le sais bien que je viendrai !

– Amie ! que Dieu t'en récompense ! »

Lorsqu'il franchit le seuil, les espions se jetèrent contre lui. Mais le fou éclata de rire, fit tourner sa massue et dit :

« Vous me chassez, beaux seigneurs ; à quoi bon ? Je n'ai plus que faire céans, puisque ma dame m'envoie au loin préparer la maison claire que je lui ai promise, la maison de cristal, fleurie de roses, lumineuse au matin quand reluit le soleil !

– Va-t'en donc, fou, à la male heure ! »

Les valets s'écartèrent, et le fou, sans se hâter, s'en fut en dansant.

XIX – La mort

À peine était-il revenu en Petite-Bretagne, à Carhaix, il advint que Tristan, pour porter aide à son cher compagnon Kaherdin, guerroya[2] un baron nommé Bedalis. Il tomba dans une embuscade dressée par Bedalis et ses frères. Tristan tua les sept frères. Mais lui-même fut blessé d'un coup de lance, et la lance était empoisonnée.

Il revint à grand-peine jusqu'au château de Carhaix et fit appareiller[3] ses plaies. Les médecins vinrent en nombre, mais nul ne sut le guérir du venin, car ils ne le

1. Allusion à l'île d'Avallon (voir p. 123).
2. Se battit contre.
3. Soigner.

découvrirent même pas. Ils ne surent faire aucun emplâtre[4] pour attirer le poison au dehors ; vainement ils battent et broient leurs racines, cueillent des herbes, composent des breuvages : Tristan ne fait qu'empirer, le venin s'épand par son corps ; il blêmit et ses os commencent à se découvrir.

Il sentit que sa vie se perdait, il comprit qu'il fallait mourir. Alors il voulut revoir Iseut la Blonde. Mais comment aller vers elle ? Il est si faible que la mer le tuerait ; et si même il parvenait en Cornouailles, comment y échapper à ses ennemis ? Il se lamente, le venin l'angoisse, il attend la mort.

Il manda Kaherdin en secret pour lui découvrir sa douleur, car tous deux s'aimaient d'un loyal amour. Il voulut que personne ne restât dans sa chambre, hormis Kaherdin et même que nul ne se tînt dans les salles voisines. Iseut, sa femme, s'émerveilla en son cœur de cette étrange volonté. Elle en fut tout effrayée et voulut entendre l'entretien. Elle vint s'appuyer en dehors de la chambre, contre la paroi qui touchait au lit de Tristan. Elle écoute ; un de ses fidèles, pour que nul ne la surprenne, guette au dehors.

Tristan rassemble ses forces, se redresse, s'appuie contre la muraille ; Kaherdin s'assied près de lui, et tous deux pleurent ensemble tendrement. Ils pleurent le bon compagnonnage d'armes, si tôt rompu, leur grande amitié et leurs amours ; et l'un se lamente sur l'autre.

« Beau doux ami, dit Tristan, je suis sur une terre étrangère, où je n'ai ni parent, ni ami, vous seul excepté ; vous seul, en cette contrée, m'avez donné joie et consolation.

4. Pansement.

Je perds ma vie, je voudrais revoir Iseut la Blonde. Mais comment, par quelle ruse lui faire connaître mon besoin ? Ah ! si je savais un messager qui voulût aller vers elle, elle viendrait, tant elle m'aime ! Kaherdin, beau compagnon, par notre amitié, par la noblesse de votre cœur, par notre compagnonnage, je vous en requiers : tentez pour moi cette aventure, et si vous emportez mon message, je deviendrai votre homme lige[1] et vous aimerai par-dessus tous les hommes. »

Kaherdin voit Tristan pleurer, se déconforter, se plaindre ; son cœur s'amollit de tendresse ; il répond doucement, par amour :

« Beau compagnon, ne pleurez plus, je ferai tout votre désir. Certes, ami, pour l'amour de vous je me mettrais en aventure de mort. Nulle détresse, nulle angoisse ne m'empêchera de faire selon mon pouvoir. Dites ce que vous voulez mander à la reine, et je fais mes apprêts[2]. »

Tristan répondit :

« Ami, soyez remercié ! Or, écoutez ma prière. Prenez cet anneau : c'est une enseigne[3] entre elle et moi. Et quand vous arriverez en sa terre, faites-vous passer à la cour pour un marchand. Présentez-lui des étoffes de soie, faites qu'elle voie cet anneau : aussitôt elle cherchera une ruse pour vous parler en secret. Alors, dites-lui que mon cœur la salue ; que, seule, elle peut me porter réconfort ; dites-lui que, si elle ne vient pas, je meurs ; dites-lui qu'il lui souvienne de nos plaisirs passés, et des grandes peines, et des grandes tristesses, et des joies, et des douleurs de notre amour loyal et tendre ; qu'il lui souvienne du breuvage

1. Votre obligé.
2. Je me prépare.
3. Un signe convenu.

que nous bûmes ensemble sur la mer ; ah ! c'est notre mort que nous avons bue ! Qu'il lui souvienne du serment que je lui fis de n'aimer jamais qu'elle : j'ai tenu cette promesse ! »

Derrière la paroi, Iseut aux Blanches Mains entendit ces paroles ; elle défaillit[4] presque.

« Hâtez-vous, compagnon, et revenez bientôt vers moi ; si vous tardez, vous ne me reverrez plus. Prenez un terme de quarante jours et ramenez Iseut la Blonde. Cachez votre départ à votre sœur, ou dites que vous allez quérir un médecin. Vous emmènerez ma belle nef ; prenez avec vous deux voiles, l'une blanche, l'autre noire. Si vous ramenez la reine Iseut, dressez au retour la voile blanche ; et, si vous ne la ramenez pas, cinglez[5] avec la voile noire. Ami, je n'ai plus rien à vous dire : que Dieu vous guide et vous ramène sain et sauf ! »

Il soupire, pleure et se lamente, et Kaherdin pleure pareillement, baise Tristan et prend congé.

Au premier vent il se mit en mer. Les mariniers halèrent[6] les ancres, dressèrent la voile, cinglèrent par un vent léger, et leur proue trancha les vagues hautes et profondes. Ils emportaient de riches marchandises : des draps de soie teints de couleurs rares, de la belle vaisselle de Tours, des vins de Poitou, des gerfauts[7] d'Espagne, et par cette ruse Kaherdin pensait parvenir auprès d'Iseut. Huit jours et huit nuits, ils fendirent les vagues et voguèrent à pleines voiles vers la Cornouailles.

Colère de femme est chose redoutable, et que chacun s'en garde ! Là où une femme aura le plus aimé, là aussi elle se vengera le plus cruellement. L'amour des femmes

L'histoire de Thésée

Selon la mythologie grecque, le héros Thésée, aidé par Ariane, a vaincu le terrible Minotaure qui semait la terreur en Crète. Son père Égée guette sur une falaise son navire : si la voile est noire, c'est que Thésée est mort ; si elle est blanche, c'est qu'il a réussi. Mais Thésée, enivré par la victoire, a oublié de changer la voile noire. Fou de douleur, Égée se jette dans la mer qui porte encore son nom. ■

4. S'évanouit.
5. Naviguez.
6. Levèrent.
7. Grands rapaces.

vient vite, et vite vient leur haine ; et leur inimitié[1], une fois venue, dure plus que l'amitié. Elles savent tempérer[2] l'amour, mais non la haine. Debout contre la paroi, Iseut aux Blanches Mains avait entendu chaque parole. Elle avait tant aimé Tristan ! Elle connaissait enfin son amour pour une autre. Elle retint les choses entendues : si elle le peut un jour, comme elle se vengera sur ce qu'elle aime le plus au monde ! Pourtant, elle n'en fit nul semblant[3], et dès qu'on ouvrit les portes, elle entra dans la chambre de Tristan, et, cachant son courroux, continua de le servir et de lui faire belle chère[4], ainsi qu'il sied à une amante. Elle lui parlait doucement, le baisait sur les lèvres, et lui demandait si Kaherdin reviendrait bientôt avec le médecin qui devait le guérir. Mais toujours elle cherchait sa vengeance.

Kaherdin ne cessa de naviguer, tant qu'il jeta l'ancre dans le port de Tintagel. Il prit sur son poing un grand autour, il prit un drap de couleur rare, une coupe bien ciselée : il en fit présent au roi Marc et lui demanda courtoisement sa sauvegarde et sa paix, afin qu'il pût trafiquer en sa terre, sans craindre nul dommage de chambellan[5] ni de vicomte. Et le roi le lui octroya devant tous les hommes de son palais.

Alors, Kaherdin offrit à la reine un fermail ouvré d'or fin :

« Reine, dit-il, l'or en est bon » ; et, retirant de son doigt l'anneau de Tristan, il le mit à côté du joyau : « Voyez, reine, l'or de ce fermail est plus riche, et pourtant l'or de cet anneau a bien son prix. »

Quand Iseut reconnut l'anneau de jaspe vert, son cœur frémit et sa couleur mua, et, redoutant ce qu'elle allait

1. Haine.
2. Modérer.
3. Ne le montra pas.
4. Bonne nourriture.
5. Gentilhomme.

ouïr, elle attira Kaherdin à l'écart près d'une croisée[6], comme pour mieux voir et marchander le fermail. Kaherdin lui dit simplement :

« Dame, Tristan est blessé d'une épée empoisonnée et va mourir. Il vous mande que, seule, vous pouvez lui porter réconfort. Il vous rappelle les grandes peines et les douleurs que vous avez subies ensemble. Gardez cet anneau, il vous le donne. »

Iseut répondit, défaillante :

« Ami, je vous suivrai. Demain, au matin, que votre nef soit prête à l'appareillage[7] ! »

Le lendemain, au matin, la reine dit qu'elle voulait chasser au faucon et fit préparer ses chiens et ses oiseaux. Mais le duc Andret, qui toujours guettait, l'accompagna. Quand ils furent aux champs, non loin du rivage de la mer, un faisan s'enleva. Andret laissa aller un faucon pour le prendre ; mais le temps était clair et beau : le faucon s'essora[8] et disparut.

« Voyez, sire Andret, dit la reine : le faucon s'est perché là-bas, au port, sur le mât d'une nef que je ne connaissais pas. À qui est-elle ?

– Dame, fit Andret, c'est la nef de ce marchand de Bretagne qui hier vous présenta un fermail d'or. Allons-y reprendre notre faucon. »

Kaherdin avait jeté une planche, comme un ponceau[9], de sa nef au rivage. Il vint à la rencontre de la reine :

« Dame, s'il vous plaisait, vous entreriez dans ma nef, et je vous montrerais mes riches marchandises.

– Volontiers, sire », dit la reine.

6. Fenêtre.
7. Au départ.
8. S'envola.
9. Petit pont.

Elle descend de cheval, va droit à la planche, la traverse, entre dans la nef. Andret veut la suivre, et s'engage sur la planche : mais Kaherdin, debout sur le plat-bord[1], le frappe de son aviron[2] ; Andret trébuche et tombe dans la mer. Il veut se reprendre ; Kaherdin le refrappe à coups d'aviron et le rabat sous les eaux, et crie :

« Meurs, traître ! Voici ton salaire pour tout le mal que tu as fait souffrir à Tristan et à la reine Iseut ! »

Ainsi Dieu vengea les amants des félons qui les avaient tant haïs ! Tous quatre sont morts : Guenelon, Gondoïne, Denoalen, Andret.

L'ancre était relevée, le mât dressé, la voile tendue. Le vent frais du matin bruissait dans les haubans[3] et gonflait les toiles. Hors du port, vers la haute mer toute blanche et lumineuse au loin sous les rais du soleil, la nef s'élança.

À Carhaix, Tristan languit. Il convoite la venue d'Iseut. Rien ne le conforte plus, et s'il vit encore, c'est qu'il l'attend. Chaque jour, il envoyait au rivage guetter si la nef revenait, et la couleur de sa voile ; nul autre désir ne lui tenait plus au cœur. Bientôt il se fit porter sur la falaise de Penmarch, et, si longtemps que le soleil se tenait à l'horizon, il regardait au loin la mer.

Écoutez, seigneurs, une aventure douloureuse, pitoyable à ceux qui aiment. Déjà Iseut approchait ; déjà la falaise de Penmarch surgissait au loin, et la nef cinglait plus joyeuse. Un vent d'orage grandit tout à coup, frappe droit contre la voile et fait tourner la nef sur elle-même. Les mariniers courent au lof[4], et contre leur gré virent[5] en arrière. Le vent fait rage, les vagues profondes s'émeuvent, l'air s'épaissit en ténèbres, la mer noircit, la pluie s'abat

1. Partie horizontale du navire.
2. Sa rame.
3. Cordages
4. Dirigent la barre de manière à aller dans le vent.
5. Reviennent.

en rafales. Haubans[6] et boulines[7] se rompent, les mariniers baissent la voile et louvoient[8] au gré de l'onde et du vent. Ils avaient, pour leur malheur, oublié de hisser à bord la barque amarrée à la poupe et qui suivait le sillage de la nef. Une vague la brise et l'emporte.

Iseut s'écrie :

« Hélas ! chétive ! Dieu ne veut pas que je vive assez pour voir Tristan, mon ami, une fois encore, une fois seulement ; il veut que je sois noyée en cette mer. Tristan, si je vous avais parlé une fois encore, je me soucierais peu de mourir après. Ami, si je ne viens pas jusqu'à vous, c'est que Dieu ne le veut pas, et c'est ma pire douleur. Ma mort ne m'est rien, puisque Dieu la veut, je l'accepte ; mais, ami, quand vous l'apprendrez, vous mourrez, je le sais bien. Notre amour est de telle guise[9] que vous ne pouvez mourir sans moi, ni moi sans vous. Je vois votre mort devant moi en même temps que la mienne. Hélas ! ami, j'ai failli à mon désir[10] : il était de mourir dans vos bras, d'être ensevelie dans votre cercueil ; mais nous y avons failli. Je vais mourir seule, et, sans vous, disparaître dans la mer. Peut-être vous ne saurez pas ma mort, vous vivrez encore, attendant toujours que je vienne. Si Dieu le veut, vous guérirez même… Ah ! peut-être après moi vous aimerez une autre femme, vous aimerez Iseut aux Blanches Mains. Je ne sais ce qui sera de vous : pour moi, ami, si je vous savais mort, je ne vivrais guère après. Que Dieu nous accorde, ami, ou que je vous guérisse, ou que nous mourions tous deux d'une même angoisse ! »

Ainsi gémit la reine, tant que dura la tourmente. Mais, après cinq jours, l'orage s'apaisa. Au plus haut du mât,

6. Cordages qui tiennent les mâts.
7. Longues cordes qui tiennent la voile de biais.
8. Changent de cap pour lutter contre le vent contraire.
9. Ainsi fait.
10. Je n'ai pas fait ce que je désirais.

Kaherdin hissa joyeusement la voile blanche, afin que Tristan reconnût de plus loin sa couleur. Déjà Kaherdin voit la Bretagne… Hélas ! presque aussitôt le calme suivit la tempête, la mer devint douce et toute plate, le vent cessa de gonfler la voile, et les mariniers louvoyèrent vainement en amont et en aval, en avant et en arrière. Au loin, ils apercevaient la côte, mais la tempête avait emporté leur barque, en sorte qu'ils ne pouvaient atterrir. À la troisième nuit, Iseut songea qu'elle tenait en son giron[1] la tête d'un grand sanglier qui honnissait[2] sa robe de sang, et connut par là qu'elle ne reverrait plus son ami vivant.

Tristan était trop faible désormais pour veiller encore sur la falaise de Penmarch, et depuis de longs jours, enfermé loin du rivage, il pleurait pour Iseut qui ne venait pas. Dolent et las, il se plaint, soupire, s'agite ; peu s'en faut qu'il ne meure de son désir.

Enfin, le vent fraîchit et la voile blanche apparut. Alors, Iseut aux Blanches Mains se vengea.

Elle vient vers le lit de Tristan et dit :

« Ami, Kaherdin arrive. J'ai vu sa nef en mer : elle avance à grand-peine ; pourtant je l'ai reconnue ; puisse-t-il apporter ce qui doit vous guérir ! »

Tristan tressaille :

« Amie belle, vous êtes sûre que c'est sa nef ? Or, dites-moi comment est la voile.

– Je l'ai bien vue, ils l'ont ouverte et dressée très haut, car ils ont peu de vent. Sachez qu'elle est toute noire. »

Tristan se tourna vers la muraille et dit :

« Je ne puis retenir ma vie plus longtemps. » Il dit trois fois : « Iseut, amie ! » À la quatrième, il rendit l'âme.

1. Contre sa poitrine.
2. Salissait.

Chapitre XIX

Alors, par la maison, pleurèrent les chevaliers, les compagnons de Tristan. Ils l'ôtèrent de son lit, l'étendirent sur un riche tapis et recouvrirent son corps d'un linceul[3].

Sur la mer, le vent s'était levé et frappait la voile en plein milieu. Il poussa la nef jusqu'à terre. Iseut la Blonde débarqua. Elle entendit de grandes plaintes par les rues, et les cloches sonner aux moutiers, aux chapelles. Elle demanda aux gens du pays pourquoi ces glas[4], pourquoi ces pleurs.

Un vieillard lui dit :

« Dame, nous avons une grande douleur. Tristan le franc, le preux[5], est mort. Il était large aux besogneux[6], secourable aux souffrants. C'est le pire désastre qui soit jamais tombé sur ce pays. »

Iseut l'entend, elle ne peut dire une parole. Elle monte vers le palais. Elle suit la rue, sa guimpe déliée. Les Bretons s'émerveillaient à la regarder ; jamais ils n'avaient vu femme d'une telle beauté. Qui est-elle ? D'où vient-elle ?

Auprès de Tristan, Iseut aux Blanches Mains, affolée par le mal qu'elle avait causé, poussait de grands cris sur le cadavre. L'autre Iseut entra et lui dit :

« Dame, relevez-vous, et laissez-moi approcher. J'ai plus de droits à le pleurer que vous, croyez-m'en. Je l'ai plus aimé. »

Elle se tourna vers l'orient et pria Dieu. Puis elle découvrit un peu le corps, s'étendit près de lui, tout le long de son ami, lui baisa la bouche et la face, et le serra étroitement : corps contre corps, bouche contre bouche, elle rend ainsi son âme ; elle mourut auprès de lui pour la douleur de son ami.

3. Drap pour les morts.
4. Sonneries pour annoncer la mort de quelqu'un.
5. Courageux.
6. Généreux avec les pauvres.

Quand le roi Marc apprit la mort des amants, il franchit la mer et, venu en Bretagne, fit ouvrer deux cercueils, l'un de calcédoine[1] pour Iseut, l'autre de béryl[2] pour Tristan. Il emporta sur sa nef vers Tintagel leurs corps aimés. Auprès d'une chapelle, à gauche et à droite de l'abside, il les ensevelit en deux tombeaux. Mais, pendant la nuit, de la tombe de Tristan jaillit une ronce verte et feuillue, aux forts rameaux, aux fleurs odorantes, qui, s'élevant par-dessus la chapelle, s'enfonça dans la tombe d'Iseut. Les gens du pays coupèrent la ronce : au lendemain elle renaît, aussi verte, aussi fleurie, aussi vivace, et plonge encore au lit[3] d'Iseut la Blonde. Par trois fois ils voulurent la détruire ; vainement. Enfin, ils rapportèrent la merveille au roi Marc : le roi défendit de couper la ronce désormais.

Seigneurs, les bons trouvères[4] d'antan, Béroul et Thomas, et monseigneur Eilhart et maître Gottfried, ont conté ce conte pour tous ceux qui aiment, non pour les autres. Ils vous mandent par moi leur salut. Ils saluent ceux qui sont pensifs et ceux qui sont heureux, les mécontents et les désireux, ceux qui sont joyeux et ceux qui sont troublés, tous les amants. Puissent-ils trouver ici consolation contre l'inconstance, contre l'injustice, contre le dépit, contre la peine, contre tous les maux d'amour !

? À votre Avis

La ronce symbolise :

- ❏ la nature sauvage ?
- ❏ la douleur de l'amour ?
- ❏ l'éternité de l'amour ?

1. Pierre de couleur bleue.
2. Variété d'émeraude couleur eau de mer.
3. À la tombe.
4. Artistes poètes de langue d'oïl.

pause lecture 4

Les trahisons et la mort

▶ Chapitres XIV à XIX

La trahison de Tristan (chap. XIV à XVI)

1 Quel cadeau Tristan envoie-t-il à Iseut ? Dans quel but ? VOIR ? PAGE 124

2 Avec qui Tristan trahit-il Iseut la Blonde ?

L'amour de loin (chap. XIV)

3 En quoi le cadeau de Tristan est-il une preuve d'amour ? Pourquoi Iseut se sépare-t-elle du grelot merveilleux ? Que symbolise-t-il ?

Iseut aux Blanches Mains (chap. XV)

4 Où Tristan se rend-il après le pays de Galles ? Pourquoi tous ces voyages ? Combien de temps durent-ils ?

5 Pourquoi lui propose-t-on la main d'Iseut aux Blanches Mains ? Pourquoi l'accepte-t-il ? Que se passe-t-il au cours de la nuit de noces ?

Kaherdin (chap. XVI)

6 À quelle occasion Iseut aux Blanches Mains avoue-t-elle à Kaherdin la vérité sur sa relation avec Tristan ? Quelle est la réaction de son frère ?

7 Qui apprend à Iseut la Blonde le mariage de Tristan ? Dans quelle intention ? Comment réagit-elle ?

8 Que propose Kaherdin à Tristan ? Où partent-ils ? Qui les aide ?

Les trahisons d'Iseut (chap. XVII et XVIII)

1 À quelles occasions Tristan et Iseut se rencontrent-ils ?

2 Pour leur dernière rencontre, en quoi est déguisé Tristan ? VOIR ? PAGE 150

L'occasion manquée (chap. XVII)

3 Quel événement empêche le rendez-vous prévu entre les deux amants ? Sur quoi repose le quiproquo ? Expliquez la réaction d'Iseut.

Le lépreux (chap. XVII)

4 Pourquoi est-ce une grande marque d'amour de se déguiser en lépreux ? Quel épisode ce déguisement rappelle-t-il ? Comment la reine réagit-elle ? En quoi est-ce plus grave que lors de l'épisode précédent ?

5 Que fait alors Tristan ? Quel est son état d'esprit ? Et celui d'Iseut ?

Tristan fou (chap. XVIII)

6 En quoi le déguisement de Tristan lui permet-il de s'introduire aisément dans le château ? Quels récits et quels signes devraient permettre à Iseut de le reconnaître ? Pourquoi n'est-ce pas le cas ?

7 Grâce à quoi finit-elle par reconnaître Tristan ? Que lui reproche-t-il ? Comment sont-ils démasqués et comment s'en sortent-ils ?

8 Dialogue des amants (l. 331 à 346). Quelle promesse se font-ils ? Que veut dire Tristan par : « Le temps approche » (l. 342) ?

La mort des amants (chap. XIX)

1 Qui enterre les deux amants et où ? VOIR ? PAGE 170

La mission de Kaherdin

2 En quoi le combat contre Benalis prolonge-t-il les combats précédents de Tristan ? Que demande Tristan blessé à son ami ?

3 Qu'éprouve Iseut aux Blanches Mains en découvrant le secret de son mari ?

Le voyage d'Iseut la Blonde

4 Comment Kaherdin réussit-il à approcher Iseut ? Comment arrive-t-elle à déjouer la surveillance pour partir ?
À quelles autres occasions Iseut a-t-elle fait preuve de la même habileté ?

5 Détaillez les différentes étapes du voyage d'Iseut la Blonde. Montrez que le destin se met de la partie pour empêcher la réunion des amants.

La mort des amants

6 Comment Iseut aux Blanches Mains réussit-elle à se venger de son mari ?

7 Comment s'exprime la force de l'amour de Tristan ? et celui d'Iseut ? Comment se manifeste-t-il après leur mort ?

8 À quoi correspond le dernier paragraphe ? Et les noms cités ? À qui est dédié le roman ?

Du texte à l'image

Observez la photo → voir dossier images p. IV

L'Éternel Retour, film de Jean Delannoy, 1943.

1 Quelle scène est ici représentée ? Où se situe-t-elle ? Décrivez précisément le décor.

2 *L'Éternel retour* est une adaptation de *Tristan et Iseut*. En quoi peut-on dire qu'il y a modernisation et stylisation ?

À vous de jouer

Comparez

Quel autre récit mythologique fait aussi intervenir une voile noire et une voile blanche (voir encart p. 163) ? Quelles sont les ressemblances et les différences entre les deux récits ?

Rédigez un récit

Vous êtes le messager qui vient annoncer au roi Marc la mort des deux amants. Racontez la scène.

Questions sur...
Le Roman de Tristan et Iseut

I. Lieux et époque

1 Où l'histoire se déroule-t-elle ? Situez les principaux lieux sur la carte p. 10.

2 Quels sont les principaux voyages de Tristan ? Pourquoi peut-on dire que c'est un homme sans racines ?

3 À quelle époque l'histoire se passe-t-elle ?

II. Les amants

4 **Sur le personnage de Tristan**
a. Quelles sont ses origines ? Comment est-il placé d'emblée sous le signe du malheur ?
b. Montrez qu'il a l'éducation et toutes les qualités du parfait chevalier. Comment se comporte-t-il en particulier avec Marc ?
c. Quels sont ses différents déguisements ? Pourquoi est-il souvent obligé de cacher son identité ?

5 **Sur le personnage d'Iseut**
a. Quelles sont ses origines sociales ?
b. Qu'est-ce qui frappe tous ceux qui la voit ?
c. Faites son portrait moral.

III. L'action

6 Quel événement vient bouleverser la vie de Tristan et Iseut ? Se situe-t-il au début du roman ? Pourquoi ?

7 Citez quelques prouesses accomplies par Tristan. Quelle part y joue le merveilleux ?

IV. L'amour passion

8 **a.** À partir de quelques exemples précis, montrez que leur amour est présenté comme une fatalité à laquelle les deux amants ne peuvent échapper.
b. Malgré leurs fautes, le narrateur les présente-t-il comme coupables ? Expliquez son choix.

9 **a.** Citez différentes épreuves que subissent Tristan et Iseut. L'amour les rend-il heureux ?
b. Quelle image le narrateur nous donne-t-il de la passion ? En quoi cela correspond-il à l'étymologie du mot ?

V. Le dénouement

10 Comment se termine le roman ? Montrez que le sort s'oppose aux deux amants.

11 Que symbolise la ronce qui pousse sur les tombes de Tristan et d'Iseut ?

après la lecture

- La genèse du *Roman de Tristan et Iseut* de Bédier

- Le mythe de Tristan

La genèse du roman

Le récit que vous venez de lire n'existait pas sous cette forme au XIIe siècle, et ce pour plusieurs raisons.

Un récit oral

Tout d'abord, l'imprimerie n'existait pas : chaque livre était une copie manuscrite faite par un clerc et ornée de riches enluminures. C'était un objet rare et très précieux réservé à une élite. Les récits se transmettaient donc oralement grâce aux jongleurs, aux troubadours au sud, aux trouvères au nord, qui allaient de château en château et contaient ou chantaient des chansons de geste, des romans de chevalerie ou des poèmes lyriques. Bien évidemment les œuvres subissaient des transformations, car les conteurs ajoutaient ou retranchaient des épisodes à leur guise. Bien souvent, il est difficile, voire impossible de savoir si la version qui nous est parvenue est la version originale.

Nous savons que le récit de Tristan est une légende celtique, comme le montrent les lieux évoqués dans le roman (la Cornouailles, l'Irlande, le pays de Galles, l'Écosse et la Petite Bretagne), qu'il a sans doute été rédigé à la cour d'Angleterre et, de là, s'est propagé dans tout le territoire Plantagenêt.

Deux des manuscrits retrouvés, celui de Béroul et celui de Thomas de Londres datant approximativement de la même époque, entre 1170 et 1175, présentent des versions assez différentes, ce qui atteste bien de cette circulation de la légende à travers l'Europe.

Un récit en langue romane et en vers

De plus, les grands « romans » de chevalerie, ou « romans courtois », n'avaient rien à voir avec ce que nous désignons maintenant sous le nom de « roman ». Ces récits se présentaient sous la forme de poèmes en octosyllabes, car les textes versifiés étaient plus faciles à mémoriser que les textes en prose. Le mot « roman » désignait au départ la langue populaire par opposition au latin qui était la langue des clercs. Le mot s'est ensuite appliqué par extension aux récits écrits en langue romane, dont les premiers datent du début du XIIe siècle puis, plus tard, à tous les récits de fiction.

Un texte puzzle

En outre, les manuscrits, écrits en anglo-normand, sont incomplets. Celui de Béroul, par exemple, ne comporte que 4 484 vers qui correspondent aux épisodes centraux ; on pense qu'il devait compter 12 000 octosyllabes.

Du roman de Thomas ne restent que 3 696 vers qui racontent en particulier la mort des héros. Mais, grâce à d'autres trouvères, on a pu reconstituer les fragments manquants (l'enfance de Tristan ou son mariage avec Iseut aux Blanches Mains).

La version que vous lisez est le résultat du savant travail d'un grand médiéviste de la fin du XIXe siècle, Joseph Bédier, qui a rassemblé tous ces fragments, les a traduits en français moderne tout en conservant la manière de dire des conteurs du Moyen Âge. ■

Le mythe de Tristan et Iseut

Qu'est-ce qu'un mythe ?

Un mythe est une histoire qui met en scène un héros dont le destin a une valeur exemplaire au point qu'il dépasse son époque et sa terre d'origine pour devenir universel et parler à tous les hommes. C'est le cas des grands mythes grecs, comme celui d'Antigone ou d'Œdipe.
Il en va de même du récit de Tristan, qui serait un ensemble de motifs celtiques entrelacés finissant par former cette légende reprise, transposée, embellie par différents trouvères sans qu'on puisse retrouver une histoire originelle.

Pourquoi cette légende est-elle devenue un mythe ?

Si l'histoire des amours malheureuses et impossibles de ces amants séparés dont la passion perdure à travers le temps et l'espace est devenue mythique, c'est parce qu'elle nous séduit et parle à notre inconscient. « Ce beau conte d'amour et de mort » est devenu une référence de l'imaginaire occidental qui lie de manière indissociable l'amour à l'interdit et à la mort.

Postérité du mythe de Tristan

La légende de Tristan se diffuse dans toute l'Europe médiévale.
Par la suite, l'intérêt diminue un peu, mais il reprend à l'époque romantique passionnée par le Moyen Âge et les légendes. Les tristes figures de Tristan et d'Iseut sont reprises par Friedrich von Schlegel dans son roman *Lucinde* (1799). En Angleterre, lord Alfred Tennyson adapte à son tour le mythe dans *Idylls of the King* (1872), puis Charles Swinburne avec *Tristan de Loonois* en 1882. Mais c'est l'opéra *Tristan und Isolde* du compositeur allemand Richard Wagner, à la fin des années 1850, qui représente certainement l'œuvre la plus aboutie.

Au XXe siècle, le cinéma s'empare à son tour du mythe avec trois films, avant celui de Jean Delannoy, intitulé *L'Éternel Retour* (1943), où le cinéaste transpose le mythe à l'époque contemporaine, à partir d'un scénario de Jean Cocteau. Yvan Lagrange en donne une version très poétique en 1972, *Tristan et Iseult*. En 1990, le film de Louis Grospierre, *Connemara,* reconstitue l'atmosphère barbare du roman de Béroul.

Plus récemment, Thierry Schiel a transposé la légende dans un dessin animé qui met en avant la dimension merveilleuse, alors que le dernier film en date (2006), *Tristan et Yseult* de Kevin Reynolds, s'appuie sur une reconstitution historique.

Ce mythe a fasciné la culture occidentale et façonné sa représentation de l'amour : la plupart des histoires de passions amoureuses supposent un interdit à transgresser et la mort pour conséquence. Pensons à *Roméo et Juliette*, autre mythe littéraire qui reprend à sa manière les mêmes motifs de transgression, de passion et de mort. ■

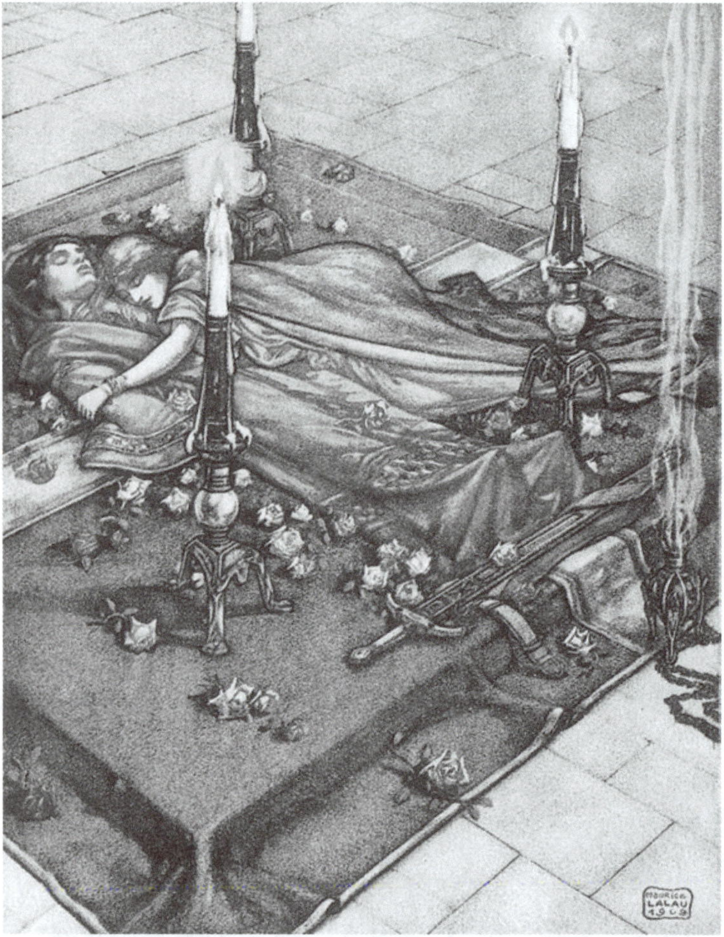

Illustration de Maurice Lalau pour le *Roman de Tristan et Iseut* (édition de 1908).

autre lecture

Marie de France

Lai du chèvrefeuille

Traduction d'Anne Berthelot

Milieu du XIIe siècle

texte intégral

Découvrez une autre version d'un épisode bien connu de Tristan et Iseut.

Qui est Marie de France ?

Marie de France

Cette poétesse vécut dans la seconde moitié du XIIe siècle en Angleterre à la cour d'Henri II Plantagenêt et d'Alienor d'Aquitaine. Elle écrivit entre 1160 et 1180 un recueil de douze lais, poèmes en octosyllabes inspirés de vieux « contes bretons » qui mêlent à l'influence celtique les valeurs courtoises ; le plus connu est celui que vous allez lire : « Lai du chèvrefeuille ». Elle serait aussi l'auteur d'un *Ysopet*, première traduction et adaptation en français de fables attribuées à Ésope. Elle écrivait en anglo-normand, dialecte normand parlé en Angleterre.

Lai du chèvrefeuille

Il me plaît assez, et je veux bien,
À propos du lai[1] qu'on nomme Chèvrefeuille[2],
Vous en dire la vérité,
Pour quoi il fut fait, comment,
Et en quelles circonstances.
Plusieurs m'en ont conté et dit,
Et je l'ai trouvé dans des textes écrits,
De ce qui concerne[3] Tristan et la reine,
De leur amour qui fut si parfait,
Dont ils souffrirent maintes[4] douleurs,
Puis en moururent en un seul jour[5].
Le roi Marc était courroucé[6],
Et en colère contre son neveu Tristan ;
Il le chassa de sa terre.
À cause de la reine qu'il aimait.
Il alla en son pays,
En Southwales[7] où il était né.
Il y resta un an tout entier,
Sans pouvoir revenir en arrière ;
Mais ensuite il prit le risque
De mourir et d'être mis à mort.
Ne vous étonnez nullement,
Car celui qui aime loyalement
Est très dolent[8] et mélancolique
Quand il n'a ce qu'il veut.
Tristan est dolent et mélancolique,
Pour cette raison il quitte son pays.
Il va tout droit en Cornouaille,
Là où se trouvait la reine.

1. Poésie en vers de 8 syllabes.
2. Plante grimpante à fleurs parfumées.
3. En ce qui.
4. Beaucoup.
5. Le même jour.
6. Fâché.
7. Au pays de Galles.
8. Triste.

Il se mit tout seul dans la forêt :
Il ne voulait pas que personne le voie.
Il en sortait le soir,
Quand il était temps de chercher un hébergement[1].
Il se logeait la nuit
Avec des paysans, de pauvres gens ;
Il leur demandait des nouvelles du roi, comment il se comportait.
Ils lui disent qu'ils ont entendu dire
Que les barons sont convoqués[2],
Et doivent venir à Tintagel :
Le roi veut y tenir sa cour ;
Ils y seront tous à la Pentecôte,
Il y aura beaucoup de joie et de plaisir,
Et la reine y sera.
Tristan entendit cela, il se réjouit fort :
Elle ne pourra pas y aller
Sans qu'il la voie passer.
Le jour où le roi se mit en route,
Tristan revint au bois.
Sur le chemin où il savait
Que devait passer le cortège,
Il trancha une branche de coudrier[3] par le milieu,
Et la fendit de manière à lui donner une forme carrée.
Quand il eut préparé le bâton,
Avec son couteau il écrivit son nom.
Si la reine le remarque,
Qui y prenait bien garde –
Il lui était arrivé en d'autres occasions
De le remarquer ainsi –
Elle connaîtra[4] bien le bâton

1. Endroit où dormir.
2. Appelés à se réunir.
3. Noisetier.
4. Reconnaîtra.

De son ami en le voyant.
Telle fut la teneur[5] de l'écrit
Qu'il lui avait dit et fait savoir
Qu'il avait longtemps séjourné et attendu ici
Pour épier[6] et pour savoir
Comment il pourrait la voir,
Car il ne peut vivre sans elle.
D'eux deux il allait de même
Comme du chèvrefeuille
Qui s'attachait au coudrier :
Une fois qu'il s'y est attaché et enlacé,
Et qu'il s'est enroulé tout autour du tronc,
Ils peuvent bien vivre longtemps ensemble,
Mais si quelqu'un veut les séparer,
Le coudrier meurt très vite,
Et le chèvrefeuille aussi.
« Belle amie, ainsi est-il de nous :
Ni vous sans moi, ni moi sans vous. »
La reine va chevauchant.
Elle regarda le talus d'un côté du chemin,
Vit le bâton, l'identifia[7] bien,
Elle en reconnut tous les signes.
Aux chevaliers qui la conduisaient
Et qui voyageaient avec elle,
Elle ordonna de s'arrêter.
Elle veut descendre et prendre du repos.
Ceux-ci ont obéi à son ordre.
Elle s'éloigne à l'écart de sa troupe.
Elle appela avec elle sa suivante,
Brangien, qui était très loyale.
Elle s'éloigna un peu du chemin,

5. Contenu.
6. Surveiller.
7. Le reconnut.

Dans le bois elle trouva celui
Qu'elle aimait plus qu'aucun être vivant :
Ils se font fête tous les deux.
Il parla avec elle à son gré[1],
Et elle lui dit ce qu'elle voulait ;
Puis elle lui montra comment
Il pourra se réconcilier avec le roi,
Et lui dit qu'il avait été très affligé[2]
De l'avoir ainsi banni[3] :
Il l'avait fait à cause de délations[4].
Alors elle s'en va, elle laisse son ami.
Mais quand vint le temps de se séparer,
Ils commencèrent alors à pleurer.
Tristan s'en retourna en Galles
Jusqu'à ce que son oncle le fasse appeler.
Pour la joie qu'il ressentit
À voir son amie,
Et pour ce qu'il avait écrit,
Comme la reine le dit,
Pour garder en mémoire ces paroles,
Tristan, qui savait bien jouer de la harpe,
En avait fait un lai nouveau ;
Je le nommerai en peu de mots :
Les Anglais l'appellent Gotelef,
Les Français le nomment Chèvrefeuille.
Je vous ai dit la vérité
Du lai que j'ai ici conté.

in *Moyen Âge et XVIe siècle,* coll. « Henri Mitterand », Nathan.

1. Comme il le voulait.
2. Attristé.
3. Exilé.
4. Dénonciations.

Un peu d'ancien français

Voici le début du poème le « Lai du chèvrefeuille *» de Marie de France en anglo-normand.*
Comparez ce texte avec la traduction du passage, p. 185.

Asez me plest e bien le voil
Del lai qu'hum nume Chievrefoil,
Que la verité vus en cunt
Pur quei fu fez, coment et dunt.
Plusur le m'unt cunté e dit
E jeo l'ai trové en escrit
De Tristam e de la reïne,
De lur amur ki tant fu fine,
Dunt il eurent meinte dolur,
Puis en mururent en un jur.
Li reis Marks esteit curuciez,
Vers Tristan sun nevu iriez ;
De sa tere le cungea
Pur la reïne qu'il ama.
En sa cuntree en est alez,
En suthwales u il fu nez.
Un an demurat tut entier,
Ne pot ariere repeirier ;
Mes puis se mist en abandun
De mort e de destructïun.

à lire

▶ Romans courtois

- **Chrétien de Troyes,** *Yvain ou le Chevalier au lion,* 1176

Yvain, chevalier de la Table ronde, affronte en duel le chevalier Esclados qui meurt de ses blessures. Amoureux de Laudine, veuve du chevalier, parviendra-t-il à la convaincre de l'aimer ?

- **Chrétien de Troyes,** *Lancelot ou le Chevalier à la charrette,* vers 1180

Ce roman conte les aventures de Lancelot du lac et ses amours avec la reine Guenièvre, femme du roi Arthur. Jusqu'où ce chevalier, modèle de l'amour courtois, est-il prêt à aller pour l'amour de sa dame ?

▶ Romans historiques sur le Moyen Âge

- **Évelyne Brisou-Pellen,** *collection « Les Aventures de Garin Troussebœuf »,* 2002, Gallimard Jeunesse

Les aventures d'un jeune garçon en pleine guerre de Cent Ans qui oppose les Français et les Anglais, déclinées sur neuf tomes, plus passionnants les uns que les autres.

- **Bertrand Solet,** *La Croisade de la liberté,* 2002, Castor Poche Flammarion

Accusé de meurtre, Gautier, pour échapper à la mort, décide de participer à la première croisade lancée par Urbain II, pour délivrer Jérusalem des Infidèles. En chemin, il rencontrera de multiples aventures et l'amour.

à voir

▶ Films sur la légende

- ***L'Éternel Retour,*** **Jean Delannoy,** 1943

  Sur un scénario de Jean Cocteau, ce film transpose les amours de Tristan et Iseut, « dépouillées de toute mythologie merveilleuse », au XXe siècle.

- ***Tristan et Iseut*** **(film d'animation), Thierry Schiel,** 2002

  La tragique histoire d'amour se transforme en un beau conte de fées où tout se termine pour le mieux.

- ***Tristan und Isolde (The red Sword),*** **Kevin Reynolds,** 2006

  Le cinéaste propose une adaptation de la légende qui supprime le merveilleux pour centrer l'intérêt sur les faits historiques.

▶ Films sur le Moyen Âge

- ***Les Aventures de Robin des bois,*** **Michael Curtiz,** 1938

  Une des versions les plus flamboyantes des aventures du célèbre justicier.

- ***Ivanhoé,*** **Richard Thorpe,** 1952

  Inspiré du roman de Walter Scott, le film retrace la lutte d'Ivanhoé pour le retour du roi Richard Cœur de Lion en Angleterre.

- ***Robin des bois,*** **Ridley Scott,** 2010

  Le metteur en scène de *Gladiator* et *The Red Sword* renoue avec le grand film historique et nous montre Robin avant qu'il ne devienne le hors-la-loi de la légende.

TABLE DES ILLUSTRATIONS

p. 2 et 3 : BNF.
p. 5 et 179 : Archivo L.A.R.A./PLANETA.
p. 9 : BIS/Ph. Coll. Archives Larbor.
p. 177 : AKG-images.
p. 181 et 185 à 189 : BIS/Ph. Coll. Archives Nathan.
p. 182 : BIS/PH. Coll. Archives Larbor.
p. 183 : BRIDGEMAN - GIRAUDON/The Stapleton Collection.
p. 184 : BIS/Ph. Coll. Archives Larbor.

PLANCHE I et p. 43 : BIS/Ph. Jeanbor © Archives Larbor.
PLANCHE II et p. 92 : BNF.
PLANCHE III et p. 122 : BRIDGEMAN - GIRAUDON/© Birmingham Museums and Art Gallery.
PLANCHE IV : Collection CHRISTOPHE L..

Conception graphique : Laurence Durandeau/Marie-Astrid Bailly-Maître/Laurence Ningre
Design de couverture : Concept et illustration Hartland Villa
Illustrations intérieures : Buster Bone (p. 08)/Élise Rebaa-Launay (p. 190-191)
Recherche iconographique : Gaelle Mary
Mise en page : ScienTech Livre
Édition : Odile Gandon

N°d'éditeur : 10182635 - Dépôt légal : octobre 2011
Imprimé en France par I.M.E. - 25110 Baume-les-Dames